mentor Lektüre Durchblick

Der Tod in Venedig

Thomas Mann

Inhalt · Hintergrund · Interpretation

Dr. Karin Ackermann

Mit Info-Klappe!

mentor
Eine Klasse besser.

Willkommen bei »mentor Lektüre Durchblick«!

Sie lesen gerade den »**Tod in Venedig**« im Deutschunterricht? Dann finden Sie hier in knapper und verständlicher Form – oft auf besonders übersichtlichen Doppelseiten – genau die Informationen, die Sie jetzt brauchen.
Sie werden sehen: Wenn Sie sich mit diesem Hintergrund den »Tod in Venedig« nochmals vornehmen, steht dem vollen Durchblick nichts im Wege. Denn je mehr Sie schon wissen, desto mehr entdecken Sie selbst im Text – und so macht Deutsch-Lektüre erst richtig Spaß!

Viel Erfolg

wünschen Ihnen
Dr. Karin Ackermann und der mentor Verlag

Die Autorin:
Dr. phil. Karin Ackermann, promovierte über das journalistische Werk Klaus Manns, ist als Lektorin und zeitweise als wissenschaftliche Mitarbeiterin an der Universität München tätig.

Alle Zitate nach:
Thomas Mann: Der Tod in Venedig. Frankfurt am Main 1992, 2003[16] (=Fischer Taschenbuch 11266)

Wegweiser

Inhalt

Die Thematik in Kürze

Im »Tod in Venedig« wird – wie so oft bei Thomas Mann – die Problematik des Künstlertums behandelt. Daneben finden sich weitere wichtige Themen: Existenzzerstörung durch Leidenschaft, Heldentum der Schwäche, Krankheit und Tod, »verbotene« Liebe und die Stadt Venedig.

- Thomas Mann erzählt in seiner Novelle, wie der Schriftsteller Gustav Aschenbach seine **Würde als Künstler** verliert:

> *Das Problem aber, das ich besonders im Auge hatte, war das der Künstlerwürde, – ich wollte etwas geben wie die Tragödie des Meistertums.*[1]

- Weiterhin geht es im »Tod in Venedig« darum, wie *der verwüstende Einbruch der* ***Leidenschaft*** ein *scheinbar endgültig gemeisterte[s] Leben*[2] **zerstört**.
- Die Hauptfigur Aschenbach ist ein ***Held der Schwäche***. Dieser bei Thomas Mann häufige *Held des zarten Typs* arbeitet am *Rande der Erschöpfung,* leistet *das Äußerste* und hat nur dadurch Erfolg.[3]
- »Der Tod in Venedig« handelt auch von **Krankheit und Tod**, beides zentrale Themen in Manns Werk.
- Ein weiteres Motiv ist die **»verbotene« Liebe**. Erzählt wird ein *Fall von Knabenliebe bei einem alternden Künstler.*[4]
- Eine wichtige Rolle spielt in der Novelle auch die Atmosphäre der Stadt **Venedig**.

1 Dichter über ihre Dichtungen. Thomas Mann. Teil I: 1889–1917, hg. von Peter de Mendelssohn, Frankfurt a.M. 1975, S. 406.

2 a. a. O., S. 439 (Hervorhebung durch die Verfasserin).

3 a. a. O. **4** a. a. O., S. 395.

Die Handlung in Kürze

In Venedig verliebt sich der alternde Schriftsteller Gustav Aschenbach in den schönen Jungen Tadzio. Aschenbach wirft seine Lebensgrundsätze über Bord und gibt sich ganz seiner Leidenschaft hin. Am Ende erkrankt er an der Cholera und stirbt.

Erstes Kapitel: Reiselust

Auf einem Spaziergang trifft Aschenbach einen fremden Wanderer. Dies erweckt bei ihm Fernweh und er beschließt zu verreisen.

Zweites Kapitel: Rückblick auf Leben und Werk

Der Leser wird über Aschenbachs Werk, Lebensumstände, Arbeitsweise und Karriere informiert.

Drittes Kapitel: Die Reise nach Venedig

Aschenbachs Reise beginnt mit einem Umweg nach Istrien. Von dort nimmt er ein Schiff nach Venedig. Er trifft einen falschen Jüngling und ein unheimlicher Gondolier fährt ihn zum Lido. Aschenbach begegnet zum ersten Mal Tadzio. Die geplante Abreise misslingt.

Viertes Kapitel: Aschenbachs Liebe zu Tadzio

Der Schriftsteller begeistert sich für den Jungen und dessen Schönheit. Er dichtet und gesteht sich schließlich seine Liebe zu Tadzio ein.

Fünftes Kapitel: Die Cholera in Venedig

Aschenbach beobachtet, dass Venedig ein schlimmes Geheimnis verbirgt. Ein verdächtiger Straßenmusikant tritt auf. Aschenbach erfährt, dass die Cholera in Venedig umgeht; doch er bleibt wegen Tadzio. Er hat einen ausschweifenden Traum und verliert seine letzten Hemmungen. Aschenbach erkrankt an der Cholera und stirbt.

Inhalt

Die Handlung

Die Novelle spielt zu Anfang des 20. Jahrhunderts. Handlungsschauplätze sind München, Venedig und die der Lagunenstadt vorgelagerte Badeinsel Lido. Die Handlung erstreckt sich über etwa zwei Monate.

Erstes Kapitel: Reiselust

Die Begegnung mit dem fremden Wanderer (S. 9–13)

Der Schriftsteller Gustav Aschenbach geht an einem Frühlingstag im Englischen Garten in München spazieren. Auf dem Heimweg wartet er gegenüber dem Nördlichen Friedhof auf die Straßenbahn. Da bemerkt er vor der Aussegnungshalle einen Mann, der wie ein Wanderer gekleidet ist und von weit her zu kommen scheint.

Ein Tagtraum (S. 13–18)

Die fremdländische Erscheinung beschäftigt Aschenbach und er hat einen seltsamen Tagtraum. Vor seinem inneren Auge sieht er

> *ein tropisches Sumpfgebiet unter dickdunstigem Himmel, [. . .] eine Art Urweltwildnis aus Inseln, Morästen und Schlamm führenden Wasserarmen, [. . .] zwischen den knotigen Rohrstämmen des Bambusdickichts die Lichter eines kauernden Tigers funkeln [. . .].* (S. 14)

Die Vision erweckt in Aschenbach Reiselust. Er beschließt, eine Urlaubsreise zu unternehmen, *nicht gerade bis zu den Tigern,* aber doch zu *irgendeinem Allerweltsferienplatze im liebenswürdigen Süden.* Zugleich hofft er, mit dem Aufenthalt eine momentane Schaffenskrise zu überwinden. Während dieser Überlegungen besteigt Aschenbach die Straßenbahn. Dort hält er vergeblich nach dem fremden Wanderer Ausschau.

Zweites Kapitel: Rückblick auf Aschenbachs Leben und Werk

Hauptwerke und Herkunft (S. 18f.)

Die Werke aus Aschenbachs *Reifezeit* sind ein Epos über Friedrich von Preußen, der Roman »Maja«, die Erzählung »Ein Elender« und eine Abhandlung über »Geist und Kunst«. Geboren wurde der Schriftsteller in der Provinz Schlesien. Seine Vorfahren waren Offiziere, Juristen und Beamte, *Männer, die im Dienste des Königs, des Staates, ihr straffes, anständig karges Leben* führten. *Sinnlicheres Blut* kam durch seine Mutter, die *Tochter eines böhmischen Kapellmeisters,* in die Familie. Diese Verbindung von *dienstlich nüchterner Gewissenhaftigkeit mit dunkleren, feurigeren Impulsen* ist die Voraussetzung für Aschenbachs Künstlertum.

Karriere, Arbeitsweise und Erfolgsgeheimnis (S. 20–25)

Aschenbach ist *beinahe noch Gymnasiast,* da kennt die Öffentlichkeit schon seinen Namen. Als Vierzigjähriger ist er berühmt. Dies zeigt sich in seinem internationalen Briefwechsel. *Ebenso weit entfernt vom Banalen wie vom Exzentrischen* hat er sowohl beim *breiten Publikum* als auch bei den *Wählerischen* seine Anhänger. Aschenbach ist bereits als junger Mensch *auf die Leistung – und zwar die außerordentliche – verpflichtet.* Er kennt keine Muße und keine Entspannung. Sein Lieblingswort heißt *»Durchhalten«*. Der Dichter führt ein Leben voller Zucht und Disziplin. Er steht früh auf, härtet sich mit kaltem Wasser ab und bringt seine *Kräfte [. . .] der Kunst zum Opfer dar.* Sein Werk ist das Ergebnis von *Willensdauer und Zähigkeit.*

Der Grund für den Erfolg Aschenbachs bei seinen Lesern ist die Verwandtschaft zwischen seinem persönlichen Schicksal und dem seiner Zeitgenossen. Die Formel für Aschenbachs Leben und Werk ist aber die von ihm selbst ausgesprochene Einsicht, dass *beinahe alles Große, was dastehe, als ein Trotzdem dastehe.* Als *Sinnbild* für diese Haltung nennt ein Kritiker Aschenbachs den heiligen Sebastian, eine Figur, die die *Zähne aufeinanderbeißt und ruhig dasteht, während ihr die Schwerter und Speere durch den Leib gehen.* Dieser *Heroismus [. . .] der Schwäche* zeichnet auch die Helden in Aschenbachs Werk aus und in ihnen erkennen sich seine Leser, *die Helden des Zeitalters,* wieder.

Entwicklung zur Meisterlichkeit (S. 25–29)

Aschenbach ist als junger Künstler unangepasst, ja sogar *problematisch* gewesen. Er hat Fehler begangen und *die Kunst verraten*. Doch schließlich überwindet er *alle Hemmungen des Zweifels und der Ironie* und sein *Aufstieg zur Würde* beginnt. Dieser schlägt sich auch im Stil seiner Werke nieder und zeigt sich durch *Meisterlichkeit und Klassizität*. Er verbannt *jedes gemeine Wort* aus seinem Wortschatz und im Laufe der Jahre entwickelt sich seine Schreibweise schließlich *ins Mustergültig-Feststehende*. So geschieht es, dass *ausgewählte Seiten von ihm in die vorgeschriebenen Schul-Lesebüche*r aufgenommen werden und man ihm zu seinem 50. Geburtstag den *persönlichen Adel* verleiht.

Lebensumstände und Äußeres (S. 29–30)

Aschenbach wohnt in München. Er heiratet und hat eine Tochter, doch seine Frau stirbt bald.

Der Schriftsteller ist nicht ganz mittelgroß und zierlich, er hat braunes, an den Schläfen stark ergrautes Haar. Seine Gesichtszüge, die *hohe, zerklüftete [. . .] Stirn*, die *edel gebogene Nase*, Mund- und Wangenpartie sind nicht *das Werk eines schweren, bewegten Lebens*, sondern es ist die Kunst, die *jene physiognomische Durchbildung übernommen* hat.

Drittes Kapitel: Die Reise nach Venedig

Der Umweg (S. 31f.)

Zwei Wochen nach seinem Spaziergang im Englischen Garten verlässt Gustav Aschenbach München. Er fährt zunächst nach Triest und reist von da aus zu einer *gerühmten Insel der Adria, unfern der istrischen Küste gelegen,* weiter. Doch dort wird er das Gefühl nicht los *fehlgegangen* zu sein. Plötzlich ist er sich über sein eigentliches Ziel im Klaren.

Die Überfahrt und der falsche Jüngling (S. 32–41)

Eineinhalb Wochen nach seiner Ankunft auf der Insel besteigt Aschenbach ein Schiff nach Venedig. *Ein ziegenbärtiger Mann von der Physiognomie eines altmodischen Zirkusdirektors* verkauft ihm den Fahrschein. Dabei lobt er die Stadt auf überschwängliche Art, so als ob er Angst habe, der Reisende könnte es sich noch anders überlegen und doch nicht nach Venedig fahren. An Deck bemerkt Aschenbach einen *greise[n] Geck*, einen alten Mann, der sich mit Kleidung und Schminke, Perücke und künstlichen Zähnen zum falschen Jüngling gemacht hat. Der Schriftsteller hat den Eindruck, *als beginne [...] eine Entstellung der Welt ins Sonderbare um sich zu greifen.*

Das Wetter ist *trüb* und *bleiern*, als Gustav Aschenbach in Venedig ankommt. Trotzdem ist er wieder von der *unwahrscheinlichste[n] der Städte* beeindruckt. Der falsche Jüngling, der inzwischen *kläglich betrunken* ist, belästigt Aschenbach beim Aussteigen und empfiehlt sich *geneigter Erinnerung.*

Der unheimliche Gondolier (S. 41–47)

Aschenbach besteigt eine Gondel, die schon durch ihre schwarze Farbe *an den Tod [...] und letzte, schweigsame Fahrt* erinnert. Der Gondolier, ein Mann mit einem brutalen Gesicht, ignoriert Aschenbachs Anordnung, ihn zur Dampferstation am Markusplatz zu bringen, und fährt ihn direkt zum Lido. Dort wechselt der Dichter Geld, um die Fahrt bezahlen zu können. Als er zurückkommt, hat sich der Gondolier, der keine Konzession besitzt, aus dem Staub gemacht.

Die erste Begegnung mit Tadzio (S. 47–54)

Aschenbach begibt sich in sein Hotel und bezieht dort sein Zimmer. Während er in der Halle auf das Abendessen wartet, fällt ihm *ein langhaariger Knabe von vielleicht vierzehn Jahren* auf, der *vollkommen schön* ist. Er erinnert den Schriftsteller an *griechische Bildwerke aus edelster Zeit*. Als der polnische Junge mit seiner Familie den Speisesaal betritt und sich noch einmal umdreht, kommt es zu einem ersten Blickkontakt mit Aschenbach.

Der nächste Vormittag (S. 54–66)

Am folgenden Tag ist der Himmel immer noch bedeckt, und Aschenbach denkt an Abreise, weil er um seine Gesundheit fürchtet. Beim Frühstück sieht er den Jungen wieder und aufs Neue beeindruckt ihn die *gottähnliche Schönheit des Menschenkindes*.

Am Strand genießt Aschenbach das Badeleben und den Anblick des Meeres. Auch *der schöne Knabe*, von dem er erfährt, dass er Tadzio heißt, ist wieder da. Der Dichter beobachtet ihn beim Spielen und beim Baden. Sein Gefallen rechtfertigt er mit dem Interesse des Künstlers am Schönen. Aschenbach beschließt zunächst zu bleiben: *Wo wäre es besser?*

Die missglückte Abreise (S. 66–77)

Nachmittags fährt er mit dem Dampfer nach Venedig. Ein Spaziergang durch die Stadt führt jedoch zu einem *völligen Umschwung seiner Stimmung*. Eine *widerliche Schwüle* liegt in den Gassen. Aschenbach fühlt sich unwohl und fiebert. Auf einem *stille[n] Platz* im Inneren Venedigs, einer *verwunschen anmutenden Örtlichkeit*, fasst er deshalb den Entschluss abzureisen. Am nächsten Tag bedauert er jedoch diese Entscheidung. Er zögert das Frühstück hinaus und begegnet so noch einmal Tadzio. Hin- und hergerissen zwischen Abreise und dem Wunsch zu bleiben wird die Fahrt durch Venedig für Aschenbach zu einer *Leidensfahrt [. . .] durch alle Tiefen der Reue*. Als er im letzten Augenblick am Bahnhof ankommt, erfährt er, dass man seinen Koffer in die falsche Richtung geschickt hat.

Der *Flüchtling* kehrt in sein Hotel zurück und genießt vom Fenster aus den Meeresblick. Als er Tadzio vom Strand heraufkommen sieht, erkennt der Dichter die *Wahrheit seines Herzens*, nämlich dass *ihm um Tadzios willen der Abschied so schwer geworden* ist.

Viertes Kapitel: Aschenbachs Liebe zu Tadzio

Tadzio als Inbegriff der Schönheit (S. 77–88)

Aschenbach bekommt nach zwei Tagen sein Gepäck zurück, doch er denkt nicht an Abreise, denn: *Nur dieser Ort verzaubert ihn* und *macht ihn glücklich*. Er genießt Tadzios Anwesenheit und widmet *der holden Erscheinung Andacht und Studium*. Aschenbach glaubt in Tadzio *das Schöne selbst zu begreifen* und der begeisterte Schriftsteller hat eine Vision: Er sieht den alten Philosophen Sokrates und den jungen Phaidros vor den Mauern des antiken Athen. Sokrates belehrt den Phaidros über Schönheit und Geist:

> » *Denn die Schönheit, mein Phaidros, nur sie, ist liebenswürdig und sichtbar zugleich: sie ist, merke das wohl! die einzige Form des Geistigen, welche wir sinnlich empfangen, sinnlich ertragen können. [. . .] So ist die Schönheit der Weg des Fühlenden zum Geiste [. . .].* (S. 86)

Der Dichter hat plötzlich den Wunsch zu schreiben. Er arbeitet in der Gegenwart Tadzios und lässt *seinen Stil den Linien dieses Körpers folgen*. Es gelingen ihm *anderthalb Seiten erlesener Prosa*, die *binnen kurzem die Bewunderung vieler erregen* sollten. Doch diese Arbeitsweise lässt bei Aschenbach ein schlechtes Gewissen *wie nach einer Ausschweifung* zurück.

Der Rausch (S. 88–93)

Am folgenden Morgen scheitert der Versuch des Schriftstellers, mit Tadzio ein unverfängliches Gespräch anzuknüpfen und so mit dem Jungen Bekanntschaft zu schließen. Damit ist die Möglichkeit *zu heilsamer Ernüchterung* für Aschenbach vertan. Er, der sonst an *Zucht* gewohnt ist, hat sich schon der *Zügellosigkeit* hingegeben.

> *Schon überwachte er nicht mehr den Ablauf der Mußezeit, die er sich selber gewährt; der Gedanke an Heimkehr berührte ihn nicht einmal. [. . .] und wie er sonst jede Erquickung, die Schlaf, Nahrung oder Natur ihm gespendet, sogleich an ein Werk zu verausgaben gewohnt gewesen war, so ließ er nun alles, was Sonne, Muße und Meerluft ihm an täglicher Kräftigung zuführten, hochherzig-unwirtschaftlich aufgehen in Rausch und Empfindung.* (S. 90)

Der Tag ist für Aschenbach *mythisch verwandelt* und er glaubt sich in eine antike Götterwelt versetzt.

Das Geständnis (S. 93–97)

Sein Interesse an Tadzio bleibt jedoch *nicht völlig unerwidert* und als sich beide eines Abends begegnen, gewährt Tadzio Aschenbach ein Lächeln. Es ist jedoch *das Lächeln des Narziß, der sich über das spiegelnde Wasser neigt,* und gilt nicht eigentlich dem Schriftsteller, sondern dessen Bewunderung. Aschenbach, *erschüttert* von diesem *verhängnisvollen Geschenk,* gesteht sich seine Liebe zu dem Jungen ein.

Fünftes Kapitel: Die Cholera in Venedig

Das schlimme Geheimnis (S. 97–108)

Aschenbach verbringt bereits die vierte Woche auf dem Lido, als er einige verdächtige Beobachtungen macht. Es reisen immer mehr deutsche und österreichische Gäste ab, der Hotelfriseur verplaudert sich und in Venedig warnen Anschlagtafeln vor dem Genuss von Meeresfrüchten und dem Wasser der Kanäle. Vor allem aber bemerkt Aschenbach in der Stadt einen *fatalen Geruch*, der *an Elend und Wunden und verdächtige Reinlichkeit* denken lässt. In der deutschsprachigen Presse finden sich nur Gerüchte, die italienischen Behörden leugnen das *Übel*. Auch der Dichter hofft, dass die Krankheit vertuscht wird, denn seine einzige Sorge ist, dass Tadzio abreisen könnte. So verschmilzt Aschenbachs *eigenste[s] Geheimnis* mit dem *schlimme[n] Geheimnis der Stadt*.

Mit dem Schriftsteller ist es inzwischen so weit gekommen, dass er den schönen Knaben auf Schritt und Tritt durch Venedig verfolgt. Immer in Gefahr entdeckt zu werden verliert er seine letzte Würde. Trotzdem hat er auch noch *Augenblicke des Innehaltens*, in denen er sich bestürzt seiner Situation bewusst wird und sich *der haltungsvollen Strenge* seiner Vorfahren erinnert.

Aschenbach versucht den *unsauberen Vorgängen im Innern Venedigs* auf die Spur zu kommen. Er erkundigt sich im Hotel und bei den Einwohnern der Lagunenstadt. Doch die Wahrheit erfährt er nicht.

Der verdächtige Straßenmusikant (S. 108–118)

Eines Abends versammelt sich eine Gruppe venezianischer Musikanten – zwei Männer und zwei Frauen – vor dem Hotel zu einer *volkstümliche[n] Darbietung*. Besonders auffällig ist der Gitarrist, *halb Zuhälter, halb Komödiant, brutal und verwegen, gefährlich und unterhaltend*. Eine *verdächtige Atmosphäre* umgibt ihn, und immer, wenn er an Aschenbach vorbeikommt, bemerkt dieser den Geruch von Desinfektionsmittel. Das Abschiedslied des Straßensängers, *ein dreister Schlager [. . .] mit einem Lach-Refrain,* ist ein *Hohngelächter* auf die Hotelgesellschaft. Nach der Vorführung bleibt der Dichter allein auf der Terrasse zurück und denkt an die ablaufende Sanduhr im Haus seiner Eltern.

Die Wahrheit (S. 118–124)

Am nächsten Tag erfährt Aschenbach im englischen Reisebüro am Markusplatz die Wahrheit über die Vorgänge in Venedig. Die indische Cholera ist aus dem Ganges-Delta, einer *von Menschen gemiedenen Urwelt- und Inselwildnis, in deren Bambusdickichten der Tiger kauert,* über den Seeweg nach Europa eingeschleppt worden. Mitte Mai gibt es die ersten Cholerafälle in Venedig. Die Seuche breitet sich durch die Hitze schnell aus und tritt in einer besonders gefährlichen Form auf. Die Überlebenschancen der Erkrankten sind gering. Doch aus Angst vor Einbußen im Fremdenverkehr vertuschen die Behörden die Krankheit. Man rät Aschenbach dringend zur Abreise.

Der Dichter, *im Besitze der Wahrheit,* erwägt *eine reinigende und anständige Handlung.* Er könnte Tadzios Mutter vor der Seuche warnen und ihr zur Abreise raten. Doch Aschenbach weiß im gleichen Augenblick, dass er diesen Schritt, der eine Rückkehr in sein altes Leben bedeuten würde, nicht tun wird. Er hat sich für das Abenteuer entschieden und schweigt.

Der Traum vom fremden Gott (S. 124–127)

In derselben Nacht hat Aschenbach *einen furchtbaren Traum,* der *die Kultur seines Lebens verheert, vernichtet* zurücklässt.

» *Angst war der Anfang, Angst und Lust und eine entsetzte Neugier nach dem, was kommen wollte. Nacht herrschte und seine Sinne lauschten; denn von weither näherte sich Getümmel,*

> *Getöse, ein Gemisch von Lärm: Rasseln, Schmettern und dumpfes Donnern, schrilles Jauchzen dazu und ein bestimmtes Geheul im gezogenen u-Laut, alles durchsetzt und grauenhaft süß übertönt von tief girrendem, ruchlos beharrlichem Flötenspiel, welches auf schamlos zudringende Art die Eingeweide bezauberte.* (S. 125)

Der *fremde Gott* und sein Gefolge halten Einzug in seine Seele. Zwar leistet der Schriftsteller zunächst noch Widerstand, doch dann schließt er sich dem *Reigen des Gottes* an und *seine Seele* genießt *Unzucht und Raserei des Unterganges.*

Aschenbach als falscher Jüngling (S. 127–131)

Aschenbach wirft nach diesem Traum seine letzten Hemmungen über Bord und es kümmert ihn nicht mehr, ob seine Vorliebe für Tadzio auffällt. Wie jeder Verliebte hat er den Wunsch zu gefallen. Er schmückt sich mit Juwelen, kleidet sich jugendlich und lässt sich vom Hotelfriseur kosmetisch verjüngen. Geschminkt und mit gefärbten Haaren erblickt er schließlich im Spiegel *einen blühenden Jüngling.*

Die Absage an das Meistertum (S. 131–135)

Eines Nachmittags verfolgt Aschenbach wieder Tadzio durch *das innere Gewirr der kranken Stadt.* Er ist durstig und erschöpft. Trotz der Ansteckungsgefahr kauft er sich Erdbeeren, *überreife und weiche Ware*, und macht an demselben Platz Rast, an dem er *vor Wochen den vereitelten Fluchtplan gefaßt* hat. Dort hat Aschenbach zum zweiten Mal die Sokrates-Phaidros-Vision. Er denkt wieder über das Verhältnis des Dichters zur Schönheit nach und erteilt schließlich seinem eigenen Künstlertum eine Absage.

> » *Die Meisterhaltung unseres Stiles ist Lüge und Narrentum, unser Ruhm und Ehrenstand eine Posse, [. . .] Volks- und Jugenderziehung durch die Kunst ein gewagtes, zu verbietendes*

> *Unternehmen. Denn wie sollte wohl der zum Erzieher taugen, dem eine unverbesserliche und natürliche Richtung zum Abgrunde eingeboren ist?* (S. 134f.)

Aschenbach erkennt: Beide Varianten seines Künstlerdaseins, die alles verstehende Erkenntnis, aber auch das Trachten nach Schönheit und Form, *führen zum Abgrund.*

Aschenbachs Tod (S. 136–139)

Einige Tage danach fühlt sich der Schriftsteller unwohl. Er geht später zum Strand als gewöhnlich. In der Hotelhalle erfährt er, dass Tadzios Familie im Begriff ist abzureisen. Am Strand beobachtet er zum letzten Mal den *Schönen* beim Spielen. Tadzio unterliegt in einem Ringkampf und entfernt sich beleidigt von seinen Gefährten. Er geht ein Stück ins Meer hinaus und Aschenbach ist es, als ob Tadzio ihm zuwinke und *voranschwebe ins Verheißungsvoll-Ungeheure. Und wie so oft* macht sich Aschenbach auf *ihm zu folgen.* Wenig später findet man den im Liegestuhl zusammengesunkenen Dichter. Noch am selben Tag empfängt *eine respektvoll erschütterte Welt die Nachricht von seinem Tode.*

Hintergrund

Vom Überblick zum Durchblick

Soweit die Handlung des »Tod in Venedig«.

Nun fragt man sich, warum erzählt Thomas Mann diese Geschichte? Wie kam er auf die Idee, diese Novelle zu schreiben? Was ist Besonderes daran, dass sie so bekannt ist und man sie sogar erfolgreich verfilmt hat?

Antwort auf diese und auf viele andere Fragen gibt Ihnen der folgende Teil **»Hintergrund«**. Sie finden dort in knapper und übersichtlicher Form Informationen

- zur Person des Autors und zu seinem Werk,
- zum Aufbau des Textes,
- zur Sprache der Erzählung,
- zu den Merkmalen der Gattung »Novelle«,
- zu der Zeit, in der Thomas Mann den »Tod in Venedig« geschrieben hat, und
- zur Wirkung, die der Text ausübte.

Zudem erhalten Sie Erklärungen zu selten oder wenig gebrauchten Wörtern und Begriffen.

Von der Textanalyse zur Textproduktion

Im Teil **»Interpretation«** bieten wir Ihnen eine knappe **Textanalyse** mit Thesen zur Interpretation. Im Mittelpunkt stehen dabei der Protagonist Gustav Aschenbach, die Leitmotive und mythologischen Anklänge sowie die Bedeutung Venedigs in der Erzählung.

Das abschließende Kapitel **»Aufgaben mit Lösungstipps«** soll Ihnen bei der Vorbereitung auf Klausuren und Referate helfen.

Der Autor

Thomas Mann
* 1875 in Lübeck
† 1955 in Zürich

Jahre des Abwartens: München und Italien

Thomas Mann wird am 6. Juni 1875 als zweiter Sohn des Lübecker Kaufmanns und Konsuls Thomas Johann Heinrich Mann und der Deutsch-Brasilianerin Julia da Silva-Bruhns geboren. Er ist *ursprünglich zum Erben der 100 Jahre alten Firma bestimmt*, doch als sein Vater stirbt und die Firma liquidiert wird (1891), zieht Thomas Mann nach München (1894). Sein Berufswunsch ist es, *Journalist* zu werden.[1] Er veröffentlicht erste Arbeiten in Zeitschriften.

Die Jahre 1895–1898 verbringt Thomas Mann zusammen mit seinem Bruder Heinrich *abwartend* in Italien: *Ich lebte dort nicht um des Südens willen, den ich im Grunde nicht liebte, sondern einfach, weil zu Hause noch kein Platz für mich war.*[2] Er beginnt mit der Arbeit an dem Roman »Buddenbrooks« (1897).

Literarische und gesellschaftliche Karriere

Mit dem Erscheinen der »Buddenbrooks« (1901) ist Thomas Mann über Nacht ein *berühmter Mann.*[3] Der literarische Erfolg und seine

1 Mann, Thomas: Über mich selbst, Autobiographische Schriften. In: Gesammelte Werke in Einzelbänden. Frankfurt a. M. 1983, S. 93. **2** a. a. O., S. 105. **3** Thomas Mann – Heinrich Mann. Briefwechsel 1909–1949, hg. von Hans Wysling, Frankfurt a. M. 1968, S. 26.

Heirat (1905) mit Katia Pringsheim, einer vermögenden Münchner Professorentochter, ermöglichen ihm ein großzügiges Leben. 1911 unternimmt er eine Reise nach Venedig und verbringt *am Lido ganz wundervolle Ferien*[1]. Im gleichen Jahr beginnt er mit der Arbeit an der Novelle »Der Tod in Venedig«. Seine literarische Tätigkeit bringt ihm zahlreiche Ehrungen ein. *Die Krönung all dieser Auszeichnungen*[2] ist der Nobelpreis für Literatur (1929).

Emigration

Thomas Mann warnt bereits 1930 in seiner »Deutsche[n] Ansprache. Ein Appell an die Vernunft« vor dem Faschismus. Nach der Machtergreifung Hitlers 1933 kehrt er von einer Vortragsreise nicht mehr nach Deutschland zurück. Er lebt in der Schweiz und ab 1938 in Amerika.

Rückkehr nach Europa

1949 besucht Thomas Mann Deutschland und hält Vorträge in beiden deutschen Staaten zum Goethejahr. Als man ihn in den USA zum Kommunisten abstempelt, kehrt er 1952 für immer nach Europa zurück und lässt sich in der Schweiz nieder. Am 12. August 1955 stirbt er in Zürich.

Gustav Aschenbach, der Held in Thomas Manns Novelle »Der Tod in Venedig«, trägt **autobiografische Züge** seines Autors:

- München als *dauernde[r] Wohnsitz* (S. 29),
- die *fremde Rasse* der Mutter (S. 20),
- die Ehe mit der Frau *aus gelehrter Familie* (S. 29),
- die Venedig-Reise,
- der Hang zu Repräsentation und Leistung,
- Aschenbachs Werke (S. 19), bei denen es sich um nicht ausgeführte Themen Thomas Manns handelt.

1 s. oben S. 4, Fußnote 1, S. 394. **2** s. oben S. 18, Fußnote 1, S. 99.

Hintergrund

Das Gesamtwerk

Thomas Mann gehört zu den bedeutendsten Autoren des 20. Jahrhunderts. Es folgt eine Auswahl seiner wichtigsten Werke.

Zentrales Thema von Thomas Manns literarischem Frühwerk ist der Gegensatz zwischen künstlerischer und bürgerlicher Lebensform, zwischen Kunst und Leben. »Der Tod in Venedig« markiert den Höhepunkt und Abschluss dieser frühen Schaffensperiode:

> *Sie war die moralisch und formal zugespitzteste und gesammeltste Gestaltung des Décadence- und Künstlerproblems, in dessen Zeichen seit »Buddenbrocks« meine Produktion gestanden hatte, und das mit dem »Tod in Venedig« tatsächlich ausgeformt war.*[1]

1901 **Buddenbrooks. Verfall einer Familie**
Thomas Mann schildert in seinem ersten Roman den Untergang eines alten Lübecker Kaufmannsgeschlechts, das Züge seiner eigenen Familie trägt.

1903 **Tonio Kröger**
Nach Thomas Mann ist die Novelle dem »Tod in Venedig« *nächstverwandt*.[2] Künstlertum und bürgerliche Haltung sind absolute Gegensätze. Tonio Kröger, ein Bürger, der Künstler geworden ist, leidet an diesem Zwiespalt.

1918 **Betrachtungen eines Unpolitischen**
In dieser kritischen Abhandlung verarbeitet Thomas Mann seine schwere weltanschauliche Krise während des Ersten Weltkriegs.

1924 **Der Zauberberg**
Spätform des deutschen Bildungs- und Erziehungsromans.[3] Für den jungen Hans Castorp wird die abgeschlossene Welt eines Schweizer Sanatoriums zum Zauberberg.

1 a. a. O., S. 74. 2 a. a. O., S. 68. 3 a. a. O., S. 74.

Hintergrund

Erst der Ausbruch des Weltkriegs entreißt ihn diesem Bann. Die Insassen des Sanatoriums repräsentieren die europäische Vorkriegsgesellschaft. Nach Thomas Mann *humoristisches Gegenstück* zum »Tod in Venedig«, worin *die Faszination des Todes [...] auf eine humoristische Ebene übertragen werden sollte.*[1]

1933–43 **Joseph und seine Brüder**

In einem vierteiligen Romanzyklus wird die biblische Fabel um Joseph und seine Brüder neu erzählt.

1940–45 **Deutsche Hörer**

In monatlichen Radioansprachen über BBC redet Thomas Mann den Deutschen im Reich ins Gewissen. Er ruft sie zum Widerstand gegen Hitler auf.

1945 **Deutschland und die Deutschen**

Dieser Vortrag entwickelt eine kulturhistorische und nationalpsychologische Theorie des deutschen Faschismus.

1947 **Doktor Faustus. Das Leben des Tonsetzers Adrian Leverkühn, erzählt von einem Freunde**

Erzählt wird die Lebensgeschichte des Komponisten Leverkühn, der einen Pakt mit dem Teufel schließt, um künstlerisch produktiv zu sein, und im Wahnsinn endet. Am Beispiel des Musikers zeichnet Thomas Mann Schuld und Verantwortung des deutschen Menschen in der Zeit zwischen 1884 und 1945.

1951 **Der Erwählte**

Der Roman greift auf die mittelalterliche Verslegende »Gregorius« von Hartmann von Aue zurück.

1 a. a. O., S. 78.

Der Aufbau des Textes

Der Aufbau der Novelle ähnelt einem Fünf-Akte-Drama. Thomas Mann

	1. Kapitel	2. Kapitel
Inhalt	**Reiselust** • Spaziergang • fremder Wanderer • Tagtraum	**Rückblick auf Leben und Werk** • Hauptwerke und Herkunft • Karriere, Arbeitsweise und Erfolgsgeheimnis • Entwicklung zur Meisterlichkeit • Lebensumstände und Äußeres
		»steigende Handlung«
Struktur	**1. Höhepunkt** • Begegnung mit dem fremden Wanderer	**nachgeholte Exposition (Einleitung)** • der *würdig gewordene Künstler* (S. 133 f.)

Hintergrund

selbst hat den »Tod in Venedig« öfter als Tragödie bezeichnet.

3. Kapitel

Die Reise nach Venedig

- Umweg
- Überfahrt und falscher Jüngling
- unheimlicher Gondolier
- erste Begegnung mit Tadzio
- missglückte Abreise

4. Kapitel

Aschenbachs Liebe zu Tadzio

- Tadzios Schönheit
- Aschenbachs Rausch
- Geständnis

5. Kapitel

Die Cholera in Venedig

- schlimmes Geheimnis
- verdächtiger Straßenmusikant
- Wahrheit
- Traum vom *fremden Gott*
- Aschenbach als falscher Jüngling
- Absage an Meistertum und Ende

»fallende Handlung«

2. Höhepunkt

- gescheiterter Fluchtversuch

Retardation (Verzögerung) und Peripetie (Wende)

- glückliche Tage am Lido
- Wendepunkt: Aschenbach bekennt seine Liebe

Katastrophe und Schluss

- Aschenbachs Tod in Venedig

Die sprachliche Form

Auktoriale Erzählhaltung

Ein »allwissender« Erzähler beherrscht das Geschehen. Er steht **außerhalb** der Handlung – kommentiert, kritisiert und beurteilt aber Geschehen und Hauptfigur.

Hypotaktischer Satzbau

Verschachteltes Satzgefüge mit vielen Nebensätzen, die häufig durch Bindewörter wie *sei es, dass*, *dergestalt, dass* und *sowohl – als auch* verknüpft sind.

Erlebte Rede

Gedanken und innere Vorgänge werden durch die Perspektive der sie selbst »erlebenden« Person wiedergeben.

Selbstgespräch

Gustav Aschenbach oder von Aschenbach, wie seit seinem fünfzigsten Geburtstag amtlich sein Name lautete, hatte an einem Frühlingsnachmittag des Jahres 19.., das unserem Kontinent monatelang eine so gefahrdrohende Miene zeigte, von seiner Wohnung in der Prinz-Regentenstraße zu München aus allein einen weiteren Spaziergang unternommen. (S. 9)
Allein es war wohl an dem, daß der Alternde die Ernüchterung nicht wollte, daß der Rausch ihm zu teuer war. (S. 89)

So – und vielleicht trug sein erhöhter und erhöhender Standort zu diesem Eindruck bei – hatte seine Haltung etwas herrisch Überschauendes, Kühnes oder selbst Wildes; denn sei es, daß er, geblendet, gegen die untergehende Sonne grimassierte oder daß es sich um eine dauernde physiognomische Entstellung handelte: seine Lippen schienen zu kurz, sie waren völlig von den Zähnen zurückgezogen, dergestalt, daß diese, bis zum Zahnfleisch bloßgelegt, weiß und lang dazwischen hervorbleckten. (S. 12)

Was würden sie [= Aschenbachs *Vorfahren*] *sagen? Aber freilich, was hätten sie zu seinem ganzen Leben gesagt, das von dem ihren so bis zur Entartung abgewichen war, zu diesem Leben im Banne der Kunst, über das er selbst einst, im Bürgersinne der Väter, so spöttische Jünglingserkenntnisse hatte verlauten lassen und das dem ihren im Grunde so ähnlich gewesen war!* (S. 105)

Sonderbar entrüstete und zärtliche Vermahnungen entrangen sich ihm: »Du darfst so nicht lächeln! Höre, man darf so niemandem lächeln!« […] Und zurückgelehnt, mit hängenden Armen, überwältigt und mehrfach von Schauern überlaufen, flüsterte er die stehende Formel der Sehnsucht […]: »Ich liebe dich!« (S. 97)
»Man soll schweigen!« flüsterte er heftig. Und: »Ich werde schweigen!« (S. 124)

Hintergrund

Steigerung

Sprache orientiert sich an antiken Vorbildern

Zitierverhalten

Substantivierte Adjektive oder Partizipien

Adjektive und Partizipien werden als Substantive benutzt.

Häufiger Partizipialgebrauch

Gegensätze

Additionsstil

Personen, Sachen oder Eindrücke werden durch die Zusammenfügung zweier oder mehrerer Wörter charakterisiert.

Wortschatz

– gewählt und stilisiert

– wissenschaftliche Begriffe, viele Fremdwörter

erstaunte […], ja erschrak (S. 57); *eine träumerische Entfremdung, eine Entstellung der Welt ins Sonderbare* (S. 35)

Nun lenkte Tag für Tag der Gott mit den hitzigen Wangen nackend sein gluthauchendes Viergespann durch die Räume des Himmels und sein gelbes Gelock flatterte im zugleich ausstürmenden Ostwind. Weißlich seidiger Glanz lag auf den Weiten des träge wallenden Pontos. (S. 77)

»motus animi continuus« (Cicero, S. 9); *»Oft veränderten Schmuck und warme Bäder und Ruhe.«* (Homer, S. 56)

Etwas Amtlich-Erzieherisches trat mit der Zeit in Gustav Aschenbachs Vorführungen ein, sein Stil […] wandelte sich ins Mustergültig-Feststehende, Geschliffen-Herkömmliche, Erhaltende, Formelle, selbst Formelhafte (S. 28f.); *der Reisende* (S. 33); *der Schöne* (S. 88); *der Verliebte* (S. 100)

Ebenso weit entfernt vom Banalen wie vom Exzentrischen (S. 20)

frohes Erschrecken (S. 81); *nüchterne Leidenschaft* (S. 83)

der Hotelmanager etwa wird als *kleiner, leiser, schmeichelnd höflicher Mann* (S. 47) beschrieben; von der Rückfahrt zum Lido nach der missglückten Abreise wird gesagt: *Wunderlich unglaubhaftes, beschämendes, komisch-traumartiges Abenteuer* (S. 74)

italienische Suade (S. 74); *automobiler Omnibus* (S. 75); *Austausch […] meteorologischer Bemerkungen* (S. 108); *Musikzeug* (S. 111)

Prosa-Epopöe (S. 18); *Capannen* (S. 58); *offizinell* (S. 98); *gastrische[s] System* (S. 99); *Couplet* (S. 113); *mephitische[r] Odem* (S. 119); *Vibrionen* (S. 119); *Tenazität* (S. 120); *Ospedale civico* (S. 121)

Die literarische Gattung

Beim »Tod in Venedig« handelt es sich um eine **Novelle**. Dies deutet schon der Untertitel an, außerdem nennt Thomas Mann selbst die Erzählung seine *gültigste Darbietung auf dem Gebiet der Novelle*.[1]

Die Novelle

- erzählt ein neues, ungewöhnliches Ereignis. Goethe definiert die Novelle als *eine sich ereignete, unerhörte Begebenheit*[2].
- schildert kein umfassendes Bild einer Epoche oder einen ganzen Lebenslauf, wie z. B. ein Roman, sondern einen Ausschnitt oder Vorfall, der für den Betroffenen eine Schicksalswende bedeutet.
- hat einen straffen und geradlinigen Aufbau.
- ist mit dem Drama verwandt. Storm nennt die Novelle eine *Schwester des Dramas.*[3]
- ist durch Leitmotive (immer wiederkehrende Symbole, Redewendungen oder sprachliche Bilder) gekennzeichnet.

Hintergrund

»Der Tod in Venedig« als Novelle

- Die ***unerhörte Begebenheit*** wird im Titel von Thomas Manns Novelle zusammengefasst: *Der Tod in Venedig.*
- Der Leser lernt einen entscheidenden **Ausschnitt** aus dem Leben des Schriftstellers Gustav Aschenbach kennen: seine Reise nach Venedig und in den Tod.
- Die Handlung ist **einsträngig** angelegt; alles ist auf Aschenbach und sein Ende bezogen.

1 s. oben S. 4, Fußnote 1, S. 432.

2 1827 im Gespräch mit Eckermann, zit. nach: Herbert Krämer (Hg.), Theorie der Novelle, Stuttgart 1976, S. 29.

3 Eine zurückgezogene Vorrede aus dem Jahr 1881, zit. nach: Krämer (s. Fußnote 2), S. 50.

- Der tragische Schluss, der Aufbau in fünf Kapiteln und der theatralische Charakter einiger Figuren (Straßensänger) belegen die **Nähe zum Drama**. Thomas Mann nannte den »Tod in Venedig« auch *eine richtige Tragödie.*[1]
- Eine Fülle von **leitmotivischen Symbolen** wird verwendet: z. B. die Todesboten (Wanderer, Gondolier, Straßensänger), das Wetter, Aschenbachs Träume, Venedig, die Cholera.

Künstlernovelle

Die Charakterisierung des Helden als Künstler – Gustav Aschenbach ist Schriftsteller – reiht den »Tod in Venedig« in die Tradition der Künstlernovelle bzw. des Künstlerromans ein, wie sie u. a. durch Mörikes »Mozart auf der Reise nach Prag« und Goethes »Wilhelm Meister« vertreten wird.

Literaturgeschichtliche Einordnung

- Die klassischen Vorbilder der europäischen Novelle sind neben **Boccaccios** »Decamerone«, einer Sammlung von hundert kurzen Novellen (Italien, 14. Jh.), die »Novelas Ejemplares« (»Beispielhafte Erzählungen«) von **Cervantes** (Spanien, 17. Jh.).
- In Deutschland begründete **Goethe** mit seinem Novellenzyklus »Unterhaltungen deutscher Ausgewanderten« (1795) diese Gattungsform.
- Im **19. Jahrhundert** schaffen Heinrich von Kleist, Ludwig Tieck, E. T. A. Hoffmann, Gottfried Keller, Conrad Ferdinand Meyer, Adalbert Stifter und Theodor Storm Meisterwerke der Novellistik.
- Im **20. Jahrhundert** setzen neben Thomas Mann und seinem Bruder Heinrich vor allem Arthur Schnitzler, Stefan Zweig und Joseph Roth die Novellentradition fort.

Hintergrund

1 s. oben S. 4, Fußnote 1, S. 397.

Die Entstehungszeit

»Der Tod in Venedig« entsteht in der Zeit von Juli 1911 bis Juli 1912, also am Vorabend des Ersten Weltkriegs. Die Novelle wird 1912 im Oktober- und Novemberheft der »Neuen Rundschau«, Berlin, veröffentlicht und erscheint im gleichen Jahr als Buchausgabe.

Zeitgeschichtlicher Hintergrund

Die Entstehungszeit des »Tod in Venedig« fällt in die **Wilhelminische Ära**, in die Regierungszeit Kaiser Wilhelms II. (1888–1918). Außenpolitisch ist diese Epoche von Imperialismus und Kolonialismus geprägt. Die Großmächte kämpfen um die wirtschaftliche und politische Aufteilung der Welt. Es herrscht ein **kolonialer Wettlauf** um die so genannten »herrenlosen Gebiete« auf der Erde. Auch Deutschland, das als Nachzügler in die Weltpolitik eingetreten ist, verkündet seinen Anspruch auf Weltgeltung und fordert einen »Platz an der Sonne«. Man übertrifft sich gegenseitig im Wettrüsten und ist bereit, für den Ausbau der Weltmachtposition sogar den Krieg zu wagen. Die letzten beiden Jahrzehnte vor dem Ersten Weltkrieg sind deshalb äußerst **krisenreich**.

Auf diese Situation, genauer auf die zweite Marokkokrise 1911, in der Deutschland das Kanonenboot »Panther« nach Agadir entsandte (sog. »Panthersprung nach Agadir«), spielt Thomas Mann im »Tod in Venedig« an. Dort heißt es über das Jahr 19.., in dem die Novelle spielt, es habe *unserem Kontinent monatelang eine so gefahrdrohende Miene* gezeigt (S. 9). Imperialistische Machtpolitik und überspitzte nationalistische Interessen sind schließlich die Ursachen für den Ersten Weltkrieg, von dem sich ein *Vorgefühl*[1] – so Thomas Mann – bereits im »Tod in Venedig« findet.

1 Thomas Mann. Briefe an Paul Amann 1915–1952, hg. v. Herbert Wegener, Lübeck 1959, S. 29.

Im Deutschen Reich herrscht unter Wilhelm II. ein **militärischer Zeitgeist**. An nationalen Gedenktagen (Sedantag) hält man die Erinnerung an siegreiche Schlachten lebendig. Der Kaiser tritt meist in Uniform auf und liebt einen militärischen Ton. Leistungen und Fähigkeiten des Deutschen werden am soldatischen Ideal gemessen. Die Schulbücher erzählen Heldengeschichten. Diese Zeitstimmung – auf das Gebiet der Literatur übertragen – finden wir auch im »Tod in Venedig« wieder, wenn es von Gustav Aschenbach heißt:

> *Auch er hatte gedient, auch er war Soldat und Kriegsmann gewesen, [. . .] denn die Kunst war ein Krieg, ein aufreibender Kampf [. . .].* (S. 105)

Die **wirtschaftliche Entwicklung** im Wilhelminischen Deutschland ist durch den raschen Wandel vom Agrarland zum modernen **Industriestaat** gekennzeichnet. 1870 sind noch 50 % der Deutschen in der Landwirtschaft tätig. 1913 sind es nur noch 33 %, dafür arbeitet aber schon die Hälfte in Industrie und Handel. Die Bevölkerung des Deutschen Reiches wächst von 1871 bis 1915 von 41 auf 68 Millionen. In die Großstädte strömen im Zeichen von Landflucht und Verstädterung große Menschenmassen.

Die Entwicklung des Kaiserreichs zu einem hochindustrialisierten Staat führte auch zu einer Herausbildung **neuer Eliten**. Ingenieure und Techniker, aber auch Wirtschaftsbürger lösen die alte Elite, Künstler und Literaten bürgerlicher Herkunft, ab. Letztere waren im 19. Jahrhundert Sprecher und Repräsentanten ihrer Schicht, des gebildeten Bürgertums, ja sogar der ganzen Nation. Ihr Elitestatus verschwindet mit dem wirtschaftlichen Wandel. Verunsicherung und Identitätskrisen bei diesen bürgerlichen Intellektuellen sind die Folge. Dieses Krisenbewusstsein, ein Gefühl von Lebensferne und Endzeitstimmung, findet sich auch bei Gustav Aschenbach. Dieser wird von der *Besorgnis, die Uhr möchte abgelaufen sein,* und der *Künstlerfurcht, nicht fertig zu werden* (S. 15), geplagt.

Die allgemeine Zeitstimmung und die gesellschaftliche Entwicklung schlagen sich auch in Literatur und Philosophie nieder.

Literarische und philosophische Strömungen

Die moderne Literatur der Zeit ist der **Naturalismus**. Der Wandel zum Industriestaat und der erbarmungslose Konkurrenzkampf beschleunigen die Verarmung weiter Schichten, die sozialen Gegensätze verschärfen sich. Die Arme-Leute-Welt und das Elend der Großstadtquartiere werden zu Themen der naturalistischen Dichtung. Der Schilderung der Wirklichkeit ist der Naturalismus nicht nur inhaltlich, sondern auch formal verpflichtet. Präzise werden Figuren und Milieu beschrieben. Die schriftstellerische Technik nähert sich der Reportage und der wissenschaftlichen Darstellung an.

Sowohl der Kaiser als auch die Mehrzahl der Bürger lehnen den Naturalismus ab. Die Aufführung von Gerhart Hauptmanns Drama »Die Weber« im Deutschen Theater, Berlin (1894) löst einen Skandal aus und Wilhelm II. kündigt wegen des Stückes die kaiserliche Loge.

Noch während der Naturalismus seinen Durchbruch erlebt, treten bereits literarische Gegenströmungen auf. Die **Dekadenzdichtung** erhebt das französische Wort décadence (Verfall) zur Bezeichnung einer Stimmung, die das Bewusstsein kennzeichnet, einer untergehenden Kultur anzugehören und in einer Spät- und Endzeit zu leben. Grundzüge sind Weltschmerz, Lebensmüdigkeit und Resignation. Dargestellt werden komplizierte Seelenzustände, nervöse und überreizte Gestalten. Mit Dekadenz verbinden sich Bilder und Mythen, z. B. das sterbende Venedig. In Deutschland macht Friedrich Nietzsche den Begriff mit seiner Schrift »Der Fall Wagner« (1888) populär. Vor allem durch ihn erfährt die Décadence eine abwertende Bedeutung im Sinne von »unproduktiv« und »krankhaft«. Nietzsches gesamte Philosophie wird zur Anleitung, wie Dekadenz zu überwinden ist.

Weitere literarische Strömungen der Zeit sind **Neuklassik** und **Neuromantik**. Ihr gemeinsames Ziel ist die Überwindung der Dekadenz und die Erneuerung der zeitgenössischen Literatur. Als Vorbild sieht man die klassische und romantische Dichtung um 1800. Gefordert werden die Rückkehr zu formaler Strenge der Sprache und die Rückbesinnung auf das Irrationale, auf Mystik und Mythos.

Großen Einfluss auf Literatur und Geistesgeschichte um 1900 haben die pessimistische Weltsicht **Arthur Schopenhauers** (1788–1860), die Lebensphilosophie **Friedrich Nietzsches** (1844–1900) und die romantisch-rauschhaften Musikdramen **Richard Wagners** (1813–1883).

Als seine *Götter*[1] bezeichnet Thomas Mann Schopenhauer, Nietzsche und Wagner. Ihre Wirkung findet sich auch im »Tod in Venedig«. So gehen Aschenbachs Durchhalteparolen und sein Heroismus der Schwäche auf den Eindruck von Schopenhauers Werk »Die Welt als Wille und Vorstellung« zurück, das Thomas Mann bereits 1899 gelesen hatte. Auch *die Berührung mit Nietzsche war in hohem Grade bestimmend*[2] für Thomas Mann. Nietzsche hat in seiner Schrift »Der Fall Wagner« den Musiker als überreizten und nervösen Décadent gestaltet und sein Werk als montiertes Kunstprodukt dargestellt. Thomas Mann überträgt diese Charakterisierung bis ins Detail auf Gustav Aschenbach. Beim Tod der Hauptfigur und bei der Verwendung von Leitmotiven lehnt sich die Novelle an die Wagnersche Biografie (der Musiker ist in Venedig gestorben) und seine Kompositionstechnik an.

Hintergrund

> *Man hat wohl gelegentlich [. . .] auf den Einfluss hingewiesen, den die Kunst Richard Wagners auf meine Produktion ausgeübt hat. Ich verleugne diesen Einfluss gewiss nicht.*[3]

1 s. oben S. 18, Fußnote 1, S. 57.

2 a. a. O., S. 66.

3 Thomas Mann. Rede und Antwort. Gesammelte Werke in Einzelbänden. Frankfurter Ausgabe, hg. v. Peter de Mendelssohn, Frankfurt a. M. 1984, S. 75.

Der Text in seiner Zeit

Es ist schwierig, den »Tod in Venedig« einer literaturgeschichtlichen Epoche zuzuordnen. Thomas Mann selbst sieht sich gern als literarischen Außenseiter:

> *Ich war nie modisch, habe nie [...] den Ehrgeiz gekannt, literarisch à la tête und auf der Höhe des Tages zu sein, nie einer Schule [...] angehört, die gerade obenauf war.*[1]

Trotzdem lassen sich Elemente zeitgenössischer Stilrichtungen im »Tod in Venedig« nachweisen.

Hintergrund

Thomas Mann gibt zu, *durch die naturalistische Schule gegangen*[2] zu sein. **Naturalistische Einflüsse** finden sich im »Tod in Venedig« bei der präzisen Schilderung von Handlungsschauplätzen (Strandleben S. 57ff.; Stadtbild von Venedig S. 102ff.), von Figuren (Wanderer S. 11f.; Aschenbach S. 29f.; falscher Jüngling S. 34f.; Gondolier S. 43; Straßensänger S. 111f.) und bei der wissenschaftlich klingenden Beschreibung der Cholera (S. 119–121).

Thomas Mann versteht sich aber auch als ein Dichter der **Dekadenz**:

> *Ich gehöre geistig jenem über ganz Europa verbreiteten Geschlecht von Schriftstellern an, die, aus der décadence kommend, zu Chronisten und Analytikern der décadence bestellt [sind].*[3]

Seine Venedig-Novelle nennt er eine Darstellung des *Décadence- und Künstlerproblems.*[4] Typisch für die Dekadenzdichtung sind die Themen Verfall, Untergang und Krankheit. Aschenbach wird uns als dekadenter Künstler vorgestellt mit den typischen Anzeichen von *Verwöhntheit, Überfeinerung, Müdigkeit und Neugier der Nerven* (S. 30). Venedig, die *gesunkene Königin* (S. 68) mit ihren baufälligen Gemäuern, ist die passende Kulisse für Aschenbachs Untergang.

1 s. oben S. 18, Fußnote 1, S. 14. **2** s. oben S. 4, Fußnote 1, S. 416.
3 a. a. O., S. 409. **4** s. Fußnote 1, S. 74.

Des Weiteren nennt Thomas Mann den »Tod in Venedig« eine *erzromantische Konzeption.*[1] Die Novelle trägt **neuromantische** Züge. So ist z. B. die Verknüpfung von Krankheit, Schönheit und Tod ein Thema, das Thomas Mann aus der zurückliegenden Epoche der deutschen Romantik (1798–1835) übernimmt. Aschenbach stirbt einen romantischen »Liebestod« und auch Tadzio ist mit seiner morbiden Schönheit eine typisch romantische Figur. Der Handlungsschauplatz verweist ebenfalls auf die Romantik. Das sterbende Venedig ist laut Thomas Mann die *romantische Stadt par excellence*[2].

Eine neue Klassizität […] muss kommen,[3] fordert Thomas Mann in seinem Essay »Über die Kunst Richard Wagners«, der im Mai 1911 unmittelbar vor der Niederschrift des »Tod in Venedig« entsteht. Die strenge Form und der hohe Stil der Sprache (z. B. S. 9) weisen in der Venedig-Novelle dann auf die **Neuklassik** hin.

Hintergrund

Neuklassischen Charakter hat auch der Inhalt der Novelle, die anfängliche *Würde und Strenge* Aschenbachs, die *Klassizität* seines Stils (S. 27) und der Rückgriff auf die griechische Antike. Mit dem *kluge[n] Zergliederer* (S. 23) findet sich ein versteckter Hinweis auf den Theoretiker der Neuklassik, Samuel Lublinski. Lublinski, der eine positive Besprechung der »Buddenbrooks« veröffentlicht hat und mit dem Thomas Mann in freundschaftlichem Kontakt steht, dürfte diesem das Programm der Neuklassik nahe gebracht haben.

In der Entstehungszeit des »Tod in Venedig« hat Thomas Mann einen wirklichen Klassiker immer wieder gelesen:

» *Ich gestehe Ihnen, dass ich, um mich ganz in den Stil einzuleben, […] täglich einige Seiten Goethe gelesen habe, aus den »Wahlverwandtschaften«, um hinter das Geheimnis dieses souveränen Stils zu kommen. […] vielleicht hat dieses Studium […] dem »Tod in Venedig« jene Eigenart gegeben, die Sie Klassizität nennen.*[4]

1 s. oben S. 4, Fußnote 1, S. 520. **2** a. a. O., S. 429.
3 a. a. O., S. 394. **4** a. a. O., S. 412.

Entstehung und Wirkung

Thomas Manns Venedig-Reise

Der eigentliche Anlass für die Entstehung des »Tod in Venedig« ist eine **Reise**, die Thomas Mann im **Mai 1911** mit seiner Frau und seinem Bruder Heinrich zur istrischen Insel **Brioni** und weiter nach **Venedig** unternimmt. Auf dem **Lido** wohnen die Manns im »Grand-Hotel des Bains«, dem *Bäder-Hotel* (S. 47), in dem dann auch Gustav Aschenbach seine Ferien verbringt.

Hintergrund

> *Dort kam eine Reihe kurioser Umstände und Eindrücke zusammen, um in mir den Gedanken zu jener Erzählung keimen zu lassen, deren Titel mit dem Namen der Lagunenstadt verbunden ist. [. . .] Alles stimmte auf eine besondere Weise, und wie im jugendlichen »Tonio Kröger« ist auch im »Tod in Venedig« kein Zug erfunden: der verdächtige Gondolier, der Knabe Tadzio und die Seinen, die durch Gepäckverwechslung missglückte Abreise, die Cholera, der ehrliche Clerc im Reisebüro, der bösartige Bänkelsänger – alles war durch die Wirklichkeit gegeben, war nur einzusetzen.*[1]

Noch auf der Insel Brioni erfährt Thomas Mann vom **Tod Gustav Mahlers**. *Sein fürstliches Sterben in Paris und Wien, das man in den täglichen Bulletins der Zeitungen schrittweise miterlebte*, bestimmt ihn, seiner Hauptfigur *die leidenschaftlich strengen Züge der [ihm] vertrauten Künstlerfigur zu geben.*

Anstatt des »Tod in Venedig« hatte Thomas Mann *ursprünglich* vor, **Goethes** *Spätliebe zu Ulrike von Levetzow* zu erzählen, *die Entwürdigung eines hochgestiegenen Geistes durch die Leidenschaft für ein reizendes, unschuldiges Stück Leben.* Er wagte es jedoch damals nicht, *die Gestalt Goethes zu beschwören [. . .] und kam davon ab.*[2] Der Dichter wird später zur Zentralfigur des Romans »Lotte in Weimar« (1939).

1 s. oben S. 18, Fußnote 1, S. 71f. **2** alle Zitate a. a. O., S. 72.

Kritik und Nachwirkung

Thomas Mann berichtet über die **Wirkung** des »Tod in Venedig«: *Es war ein großer Erfolg, Presse und Publikum waren begeistert.*[1]

»Der Tod in Venedig« wurde von der **zeitgenössischen Kritik** von Anfang an positiv, ja enthusiastisch aufgenommen. Man **lobt** an der Novelle die *Sprachmeisterschaft,*[2] die *[i]mmer schöner und eindringlicher [werdende] Darstellung*, kurz die *künstlerische Leistung.*[3] Ein *vollkommenes Wunder*[4] nennt Bruno Frank die Novelle.

Kritikpunkte sind Thomas Manns Kunstauffassung und das *peinlich[e]*[5] Thema der Homosexualität. Ein Angriff kommt von dem Kritiker Alfred Kerr. Er beanstandet den Rückgriff auf die Antike und nennt den »Tod in Venedig« eine *literarische Fleißarbeit.*[6] Wenig Anklang findet »Der Tod in Venedig« auch bei den Expressionisten. Sie kritisieren die Komposition als *langweilig* und tadeln Thomas Manns *Vorliebe für Repräsentation* als *kleinliche Marotte.*[7]

Ein Gegenstand der **Literaturwissenschaft** wird »Der Tod in Venedig« erst in den **fünfziger Jahren**. Er erfährt eine Vielzahl von Deutungen. Es gibt entstehungsgeschichtliche und biografische Analysen, mythologische und sozialgeschichtliche Interpretationen, psychoanalytische und gattungsgeschichtliche Untersuchungen.

Luchino Visconti hat mit seiner berühmten **Verfilmung** aus dem Jahr 1970 den »Tod in Venedig« bei einem breiten Publikum bekannt gemacht. »Morte a Venezia« – so der Original-Filmtitel – enthält gegenüber der literarischen Vorlage entscheidende Veränderungen. Aschenbach wird nicht als der selbstbewusste Dichter der Novelle, sondern als ein erfolgloser Komponist dargestellt. Dieser ist

1 Frage und Antwort. Interviews mit Thomas Mann 1909–1955, hg. v. Volkmar Hansen u. Gert Heine, Hamburg 1983, S. 32.
2 zit. nach Ehrhard Bahr (s. unten S. 62), S. 148.
3 a. a. O., S. 146f. **4** a. a. O., S. 150. **5** a. a. O., S. 146.
6 a. a. O., S. 140. **7** a. a. O., S. 144.

stark an Gustav Mahler orientiert, aus dessen 3. und 5. Symphonie auch die Filmmusik stammt. Es fehlen der Anfang in München und der Traum vom fremden Gott. Neu hinzugekommen sind – in Form von Rückblenden – Elemente aus Thomas Manns Roman »Doktor Faustus« von 1949 (die Esmeralda-Episode) und Teile aus Mahlers Biografie (der Tod der Tochter). Diese Verkürzungen bzw. Ergänzungen des Films sind dann Gegenstand der Kritik. Doch während die einen die mangelnde Werktreue ablehnen, sehen andere Rezensenten in Viscontis Verfilmung ein eigenständiges Kunstwerk.

Eine weitere Bearbeitung erfuhr die Novelle in **Benjamin Brittens Oper »Death in Venice«** (1973) und als **Ballett »Tod in Venedig. Ein Totentanz von John Neumeier«** (Uraufführung 2003, Hamburg).

Die Wirkung von Thomas Manns »Tod in Venedig« ist auch in zwei Romanen aus den vierziger und fünfziger Jahren zu belegen.

Hermann Broch schildert in **»Der Tod des Vergil«** (entstanden 1939–1945) das Sterben des Dichters Vergil in Brundisium. Parallelen zum »Tod in Venedig« sind außer dem Tod der Hauptfigur der Rückgriff auf Mythologie und Antike, die Mischung von Realität und Vision und die Figur des Knaben Lysanias, der wie Manns Tadzio ein Führer ins Jenseits ist.

In **Wolfgang Koeppens »Tod in Rom«** (1954) wird der Tod des ehemaligen SS-Generals und Kriegsverbrechers Gottlieb Judejahn erzählt. Eine ironische Anspielung auf Thomas Manns Novelle ist nicht nur der Titel, sondern auch der Schlusssatz von Koeppens Roman:

> *Die Zeitungen meldeten noch am Abend Judejahns Tod, der durch die Umstände eine Weltnachricht geworden war, die aber niemand mehr erschütterte.*

Weitere Parallelen sind ein Hinweis auf Platons »Phaidros« und die homoerotische Beziehung einer der Hauptfiguren zu einem Strichjungen.

Hintergrund

Wort- und Sacherklärungen

Erstes Kapitel

gefahrdrohende Miene **(S. 9)**	Anspielung auf die zweite Marokkokrise 1911 zwischen Deutschland und Frankreich
»motus animi continuus« (S. 9)	»beständige Tätigkeit des Geistes«
hieratische Schildereien **(S. 10)**	religiöse Darstellungen
Portikus **(S. 11)**	Säulenhalle
apokalyptische Tiere **(S. 11)**	aus der Offenbarung des Johannes; sie verkörpern den Antichristen
inquisitiv **(S. 12)**	forschend

Zweites Kapitel

Prosa-Epopöe **(S. 18)**	Epos in Prosa, großer Roman
Apotheose **(S. 21)**	bildliche Darstellung
Sebastian-Gestalt **(S. 24)**	Märtyrer, »Lieblingsheiliger« Thomas Manns; wird als von Pfeilen durchbohrter Jüngling dargestellt
Velleität **(S. 27)**	Unentschiedenheit
ewiges Zigeunertum **(S. 28)**	gemeint ist hier eine ewige Bohemien-Haltung; schon in der Novelle »Tonio Kröger« (1903) heißt es von der Hauptfigur, er sei *kein Zigeuner im grünen Wagen*
libertinisch **(S. 28)**	zügellos, liederlich
Puppenstande **(S. 28)**	dieser Begriff findet sich auch im »Chamisso«-Essay (1911); nur wer dem *Puppenstande* entwächst, kann es zum Meistertum bringen

Drittes Kapitel

Insel der Adria **(S. 31)**	Brioni; dort machte Thomas Mann 1911 Station, bevor er nach Venedig weiterreiste
Portefeuilles **(S. 34)**	Aktenmappen
pokulierten **(S. 37)**	zechten
schwermütig-enthusiastische[r] Dichter **(S. 37)**	August Graf von Platen (1796–1835), der Verfasser der »Sonette aus Venedig« (1825)
Bersaglieri **(S. 38)**	italienische Scharfschützen
Palast **(S. 39)**	der Dogenpalast
Märchentempel **(S. 39)**	die Kathedrale des Heiligen Markus (San Marco)
Scirocco **(S. 42)**	feucht-heißer Mittelmeerwind
Vaporetto **(S. 43)**	kleiner Stadtdampfer
Haus des Aides **(S. 45)**	hier: Jenseits; Aides (Hades) ist der griech. Gott der Unterwelt
Bonnen **(S. 49)**	Kindermädchen
Dornauszieher **(S. 51)**	griechische Skulptur aus dem 3. Jahrhundert v. Chr.
Phäake **(S. 56)**	die Phäaken sind in Homers »Odyssee« die glücklichen Bewohner einer griechischen Insel
»Oft veränderten …« **(S. 56)**	Zitat aus der »Odyssee«; hier: Aschenbach erhofft sich von dem Aufenthalt Erholung und neue Schaffenskraft
Eros **(S. 57)**	griech. Gott der Liebe
Capannen **(S. 58)**	Strandhütten
Unwetter zorniger Verachtung **(S. 60)**	Tadzio zeigt hier seinen Hass auf die russischen *Feinde* (ebd.), die Polen seit dem gescheiterten Aufstand von 1830/31 besetzt hielten

Hintergrund

»Dir aber rat ich Kritobulos ...« **(S. 63)**	Zitat aus Xenophons »Memorabilien«; Sokrates warnt Kritobulos vor den Gefahren der sinnlichen Schönheit; bezieht sich hier auf Aschenbach
u-Ruf **(S. 64)**	der u-Laut *(Tadziu)* kehrt im Traum vom *fremden Gott* wieder, vgl. S. 125f.
Piazzetta **(S. 71)**	Platz vor dem Dogenpalast
»Pas de chance, monsieur« **(S. 76)**	»Kein Glück, mein Herr«

Viertes Kapitel

der Gott mit den hitzigen Wangen **(S. 77)**	der Sonnengott Helios
Pontos **(S. 77)**	das Meer
elysisch **(S. 79)**	paradiesisch
Okeanos **(S. 80)**	Fluss, der die Welt umfließt
der Enthusiasmierte **(S. 85)**	der Begeisterte
ein reizendes Bild **(S. 85)**	Szene geht auf Platons »Phaidros« zuruck; Aschenbach überträgt das Verhältnis des Philosophen Sokrates zu seinem Schüler Phaidros auf seine Beziehung zu Tadzio.
Nymphen **(S. 85)**	Göttinnen der freien Natur
Acheloos **(S. 85)**	griech. Flussgott
Semele **(S. 86)**	Geliebte des Zeus
Zeus **(S. 86)**	höchster Gott der Griechen
jene anderthalb Seiten erlesener Prosa **(S. 87)**	Thomas Mann hatte bei seinem Lido-Aufenthalt 1911 den Essay »Auseinandersetzung mit Richard Wagner« geschrieben
Eos **(S. 91)**	die Morgenröte

Amoretten (S. 91)	geflügelte Kindergestalten, Begleiter des Liebesgott Eros
die Rosse Poseidons ... Stiere (S. 92f.)	die Wellen, die der Meeresgott Poseidon ausschickt
voll panischen Lebens (S. 93)	ein vom Wald- und Weidegott Pan beherrschtes Leben
Hyakinthos (S. 93)	schöner Jüngling, Liebling des Apoll; Zephyr tötet ihn aus Eifersucht

Fünftes Kapitel

süßlich-offizinelle[r] Geruch (S. 98)	hier: der Geruch nach Desinfektionsmitteln
gastrische[s] System (S. 99)	Magen-Darm-Trakt
Merceria (S. 102)	venezian. Einkaufsstraße
den Musikern Klänge eingab ... (S. 104)	Anspielung auf Richard Wagner
welsch (S. 107)	hier: italienisch
quinkelierend (S. 109)	mit dünnem Klang
falsettierend (S. 109)	mit Fistelstimme singend
Karbolgeruch (S. 113)	Geruch nach Desinfektionsmittel
Couplet (S. 113)	witziges, zweideutiges Lied
Clerk (S. 118)	Angestellter
Vibrionen (S. 119)	Cholera-Erreger
Tenazität (S. 120)	Widerstandsfähigkeit
Ospedale civico (S. 121)	städtisches Krankenhaus
Windgeister üblen Geschlechts (S. 131)	hässliche Mischwesen aus Vogel- und Mädchenkörpern, die das Essen verderben; Hinweis darauf, dass die Erdbeeren, die Aschenbach essen wird, Cholera-Erreger enthalten
Psychagog (S. 139)	Seelenführer ins Jenseits

Interpretation

Textanalyse

Die folgende Interpretation behandelt vier Schwerpunkte:

- die Person Gustav Aschenbachs
- die Leitmotivtechnik
- die mythologischen Anspielungen
- das Venedig-Bild

1. Die Person Gustav Aschenbachs

1.1 Künstlertum

Voraussetzung für das Künstlertum des Schriftstellers Gustav Aschenbach ist seine **Abstammung**. So stehen seine Vorfahren väterlicherseits (Offiziere und Beamte) für die Einordnung in die bürgerliche Gesellschaft. Das Erbteil der Mutter dagegen – sie ist die *Tochter eines böhmischen Kapellmeisters* (S. 19) – symbolisiert *ewiges Zigeunertum* (S. 28) und Boheme-Haltung.

» *Die Vermählung dienstlich nüchterner Gewissenhaftigkeit mit dunkleren, feurigeren Impulsen ließ einen Künstler und diesen besonderen Künstler entstehen.* (S. 19)

Was Aschenbachs **Werdegang** als Schriftsteller angeht, so hat er in seiner Jugend zunächst rebelliert, doch dann arrangiert er sich mit der Gesellschaft und macht Karriere. Er schreibt einen Roman über Friedrich den Großen, sein Stil bekommt etwas *Amtlich-Erzieherisches* (S. 28) und schließlich gilt er als künstlerischer Repräsentant der Nation.

Aschenbachs **Arbeitsweise** gleicht nicht der eines Künstlers, sondern eher der eines fleißigen Beamten. Sein Schreibtisch ist die *Alltagsstät-*

te seines Dienstes (S. 16). Seine künstlerische Produktion ist nicht das Ergebnis eines Geniestreiches von *gedrungener Kraft* (S. 22), sondern das Erzeugnis harter Arbeit.

Was Aschenbachs **Selbstverständnis als Künstler** angeht, so sieht er sich als *würdig gewordene[n] Künstler* (S. 133) und als Erzieher von Volk und Jugend. Mit dem *Zigeunertum* (ebd.), also der Bohemehaltung, will er nichts zu tun haben. Diesem Selbstverständnis erteilt Aschenbach jedoch im fünften Kapitel eine Absage. Wie kommt das?

Aschenbach hat **zwei Formen des Künstlertums** kennen gelernt. Der eine Weg zur Kunst führt über die **Erkenntnis**. Diesen hat Aschenbach als junger Mann eingeschlagen. Er hat alles angezweifelt und sogar die Kunst infrage gestellt. Doch Aschenbach verwirft diese Form des Künstlerdaseins schließlich, weil sie seiner Meinung nach ein Weg in den *Abgrund* (S. 27) ist.

Der zweite Weg zum Künstlertum führt – so Aschenbach – über die **Schönheit**. Doch am Ende der Novelle erkennt er, dass dieser Weg *zum Rausch und zur Begierde* (S. 135) und damit ebenfalls in den Abgrund führt. Aschenbach kommt zu der Einsicht, dass der Künstler gar nicht *würdig sein* kann und auch nicht zum *Erzieher taug[t]*, sondern immer *liederlich und [ein] Abenteurer des Gefühles* (S. 134) bleiben muss.

Das *Künstler-Problem*[1] hat Thomas Mann in seinem Frühwerk häufig gestaltet, z. B. in der Figur des Hanno in den »Buddenbrooks« (1901) oder im »Tonio Kröger« (1903). Doch während es dort um den Gegensatz von Bürger und Künstler ging, scheint bei Gustav Aschenbach die Synthese von Bürgerlichkeit und Künstlertum vollzogen. Im »Tod in Venedig« steht dann die Gegensätzlichkeit zweier künstlerischer Existenzformen im Mittelpunkt, nämlich die zwischen der Boheme und dem Nationalschriftsteller.

1 s. oben S. 18, Fußnote 1, S. 69.

Dieses Gegensatzpaar geht auf eine Auseinandersetzung zwischen Thomas und Heinrich Mann im Jahr 1905 zurück. Da hatte Heinrich Mann sich zu den Zigeunern, d. h. zu den Bohemiens, bekannt, während sein Bruder Thomas sich eher für Aschenbach und damit für die Position des Nationalschriftstellers entschieden hatte.[1] Der Gedanke der **Repräsentanz**, d. h. als Künstler ein Stellvertreter der deutschen Kultur und eine Art Volkserzieher zu sein, hatte sich bei Thomas Mann bereits nach dem Erfolg der »Buddenbrooks« ausgebildet. *Ich habe im Grunde ein gewisses fürstliches Talent zum Repräsentieren,* berichtete er 1904 seinem Bruder Heinrich.[2] Dieser Form des Künstlertums blieb Thomas Mann treu, wie seine weitere Biografie zeigt. Als ihn die Nationalsozialisten 1936 ausbürgerten und man ihm daraufhin die Ehrendoktorwürde der Universität Bonn aberkannte, schrieb er an den dortigen Dekan: *Ich bin weit eher zum Repräsentanten geboren als zum Märtyrer.*[3] Im amerikanischen Exil übernahm Thomas Mann dann die Rolle des Führers der deutschen antifaschistischen Emigration. Berühmt ist sein Ausspruch: *Wo ich bin, ist Deutschland. Ich trage die deutsche Kultur in mir.*[4] Der Schriftsteller Ludwig Marcuse nannte Thomas Mann sogar den *Kaiser aller deutschen Emigranten.*[5]

1.2 Haltung

Gustav Aschenbach wird von einem *Beobachter* in der Novelle folgendermaßen charakterisiert:

> *»Sehen Sie, Aschenbach hat von jeher nur so gelebt« – und der Sprecher schloß die Finger seiner Linken fest zur Faust –; »niemals so« – und er ließ die geöffnete Hand bequem von der Lehne des Sessels hängen.* (S. 20)

1 vgl. dazu oben S. 18, Fußnote 3, S. XXXIXf.
2 a. a. O., S. 27.
3 Briefwechsel mit Bonn. In: Thomas Mann. Ausgewählte Essays in drei Bänden. Bd. 2, hg. von Hermann Kurzke, Frankfurt a. M. 1977, S. 179.
4 Zit. nach: Konrad Feilchenfeldt: Deutsche Exilliteratur 1933–1945, München 1986, S. 80.
5 a. a. O., S. 77.

Aschenbachs Haltung ist – wie bereits sein Künstlertum – durch die **Herkunft** bestimmt: *Zucht [...] war sein eingeborenes Erbteil von väterlicher Seite* (S. 22). Schon als junger Mann ist er auf die *Leistung [...] verpflichtet und sein Lieblingswort heißt »Durchhalten«* (S. 21). Unter dieser Devise stehen auch **Leben und künstlerische Produktion**. Er steht früh auf, härtet sich *mit Stürzen kalten Wassers über Brust und Rücken* (S. 22) ab und seine schriftstellerische Arbeit ist ein *sich täglich erneuernde[r] Kampf* (S. 16).

Thomas Mann schreibt über die Haltung seiner Hauptfigur:

> *Ich schuf mir einen modernen Helden, einen Helden des zarten Typs, [...] einen Helden der Schwäche also, der am Rande der Erschöpfung arbeitet und sich das Äußerste abgewinnt, kurz: einen Helden vom Schlage des von mir selbst so getauften »Leistungsethikers«.*[1]

Dieser *Heroismus [...] der Schwäche* (S. 24) ist bei Thomas Mann häufig zu finden:

> *Von Thomas Buddenbrook [...] über Gustav Aschenbach bis zu dem braven Soldaten Joachim Ziemßen im »Zauberberg« kommt dieses Motiv bei mir sehr wohl vor.*[2]

1.3 Entwürdigung und Untergang

Aschenbachs asketische, auf Zucht und Leistung gegründete Haltung birgt jedoch den Keim seines späteren Untergangs oder – wie es Thomas Mann nennt – seiner *groteske[n] Entwürdigung*[3] schon in sich. Die *geknechtete Empfindung* (S. 17) wird sich rächen.

Bereits im **ersten Kapitel** zeigt Aschenbachs Haltung Sprünge: Er befindet sich *bei zunehmender Abnutzbarkeit seiner Kräfte* (S. 9) in einer Schaffenskrise. Die Begegnung mit dem fremden Wanderer und der sich anschließende Tagtraum bewirken dann einen *Flucht-*

1 s. oben S. 18, Fußnote 1, S. 72. **2** s. oben S. 4, Fußnote 1, S. 442. **3** a. a. O., S. 400.

drang [...] hinweg vom Werke (S. 16) und die Lust, aus dem bisherigen Leben auszubrechen.

Die Auflösung von Aschenbachs bisheriger Haltung setzt sich im **dritten Kapitel** in der Wahl des Reisezieles fort, das dem Wunsch nach dem *Fremdartige[n] und Bezuglose[n]* entspricht (S. 31). Der geschminkte Alte, dem Aschenbach auf dem Schiff begegnet, deutet seine kommende Entwürdigung an. Bei der Gondelfahrt zum Lido zeigt sich, dass Aschenbach zu *tätiger Abwehr* bereits nicht mehr fähig ist (S. 45). Die missglückte Flucht aus Venedig macht weiterhin seine abnehmenden Willenskräfte deutlich.

Im **vierten Kapitel** gerät er immer mehr in den Bann von Tadzio. Der *Heimgesuchte* (S. 87) ist unfähig zur *heilsame[n] Ernüchterung* (S. 89).

Das **fünfte Kapitel** schildert die letzte Phase von Aschenbachs Untergang. *Der Betörte* (S. 101) gibt sich ganz seiner Leidenschaft hin und verfolgt Tadzio auf Schritt und Tritt. Auch als Aschenbach erfährt, dass die Cholera in Venedig umgeht, ist er nicht fähig die Stadt zu verlassen. Der Traum vom *fremden Gott* (S. 125ff.) bringt dann die völlige Hinwendung zum *Untergang* (S. 127). Aschenbach ist jetzt völlig *dem Dämon verfallen* (ebd.), äußeres Zeichen ist seine kosmetische Verjüngung. Die Entwurdigung schlägt schließlich in die physische Katastrophe um: Aschenbach steckt sich mit der Cholera an und stirbt.

1.4 Prophetischer Charakter

Thomas Mann schreibt 1938 rückblickend über den »Tod in Venedig«, er enthalte

> *Tendenzen der Zeit, die in der Luft lagen, lange bevor es das Wort »Faschismus« gab [...]. Doch haben sie geistig gewissermaßen damit zu tun und haben zu seiner moralischen Vorbereitung gedient.*[1]

1 a.a.O., S. 437.

Thomas Mann weist hier auf Parallelen zwischen Aschenbachs geistiger Haltung und der Ideologie des Faschismus hin. Rausch und Chaos sind im Nationalsozialismus zur Weltanschauung geworden. Man kann sagen, Thomas Mann hat mit der Figur Aschenbachs die geschichtliche Entwicklung Deutschlands vorgezeichnet.

2. Leitmotivtechnik im »Tod in Venedig«

2.1 Begriff

Der Begriff des Leitmotivs stammt eigentlich aus der **Musik**. Hans von Wolzogen verwandte ihn erstmals 1876 in Bezug auf das Werk Richard Wagners. Es handelt sich dabei um eine prägnante, sich wiederholende Tonfolge von symbolischer Bedeutung.

Die **Literaturwissenschaft** definiert »Leitmotiv« als ein **wiederkehrendes Motiv zur Charakterisierung von Personen oder Situationen**. Leitmotive wirken durch Wiederholung, Variation und Erweiterung. Das Wiederauftauchen eines Leitmotivs stiftet Verbindungen zwischen einzelnen Figuren und wichtigen Augenblicken der Handlung. Es kann auf den Ausgang des Geschehens vorausdeuten.

Thomas Mann gebraucht das Leitmotiv nicht nur im Sinne einer auffälligen wörtlichen Wiederholung, sondern seine Leitmotivtechnik lehnt sich an die Kompositionsweise **Richard Wagners** an:

> *Besonders folgte ich Wagner auch in der Benutzung des Leitmotivs, das ich in die Erzählung übertrug, und zwar nicht, wie es […] noch in meinem eigenen Jugendroman »Buddenbrooks« der Fall ist, auf eine bloß naturalistisch-charakterisierende, sozusagen mechanische Weise, sondern in der symbolischen Art der Musik.*[1]

Leitmotive – von Wagner *Gefühlswegweiser* genannt – sind bei ihm nicht einfach musikalische Erkennungsfloskeln. Vielmehr will Ri-

1 s. oben S. 33, Fußnote 3, S. 75.

chard Wagner in seinen Opern mit Hilfe des Leitmotivs die Vorgänge und den Antrieb der handelnden Figuren deutlich machen und das Schicksal der Helden ankündigen. Am ausgeprägtesten ist die Leitmotivtechnik in Wagners vierteiligem Zyklus »Der Ring des Nibelungen« (1854–1874). Im letzten Teil, »Götterdämmerung«, finden sich dann alle Motive vereint.

2.2 Funktion

Die **Hauptaufgabe** des Leitmotivgebrauchs im »Tod in Venedig« ist die *Aufhebung der Zeit.*[1] Durch die ständige Wiederkehr der Motive vermischen sich Vergangenheit und Zukunft. So ist z. B. durch die Motivkette der Todesboten der Tod von Anfang an gegenwärtig.

2.3 Todesmotive

Berühmt sind die erwähnten **Todesboten**. Eine Reihe von Figuren tritt hier durch ähnliche oder verwandte Merkmale in einen erkennbaren Zusammenhang. Es handelt sich dabei um den **Wanderer** vom Münchner Nordfriedhof im ersten Kapitel (S. 11f.), um den **Gondolier**, der Aschenbach im dritten Kapitel zum Lido fährt (S. 42f.), und um den **Straßenmusikanten**, der im fünften Kapitel auftritt (S. 111ff.).

Gemeinsamkeiten dieser drei Personen sind:
- die Physiognomie, die einem Totenkopf ähnelt mit stumpfer Nase und entblößten Zähnen,
- die roten Haare,
- der schmächtige bis magere Körperbau,
- das herrische Wesen und
- die Fremdartigkeit ihres Schlages.

Allen drei Figuren ist durch ihre Umgebung und Atmosphäre der Tod zugeordnet. So ist ein Friedhof Hintergrund für den Auftritt des Wanderers. Der venezianische Gondolier lässt an den antiken Fähr-

1 a.a.O., S. 76.

Interpretation

mann Charon denken, der die Toten ins Jenseits, ins *Haus des Aides* (S. 45), übersetzt. Der neapolitanische Straßensänger ist von *Schwaden starken Karbolgeruchs* (S. 113), dem Geruch des Todes, umgeben. Wanderer, Gondolier und Straßensänger erinnern den Leser immer wieder daran, wohin Aschenbachs Reise geht. Sie begleiten ihn auf seinem Weg in den Tod.

Der **Tod** ist durch weitere Motive im Handlungsablauf präsent:

- So beginnt die Handlung des »Tod in Venedig« auf dem Münchner **Nordfriedhof**. Dort gemahnen *Kreuze, Gedächtnistafeln* und *Gräberfeld* (S. 10) an den Tod. *Das byzantinische Bauwerk der Aussegnungshalle* (S. 10) verweist auf den Ort von Aschenbachs Untergang und Tod, auf Venedig.
- Die venezianische **Gondel**, in der Aschenbach zum Lido fährt, ist *so eigentümlich schwarz, wie sonst [...] nur Särge sind*, und auch sie erinnert *an den Tod selbst, an Bahre und düsteres Begängnis und letzte, schweigsame Fahrt* (S. 41).
- Der **Karbolgeruch**, den Aschenbach in Venedig wahrnimmt und der den Straßensänger als *verdächtige Atmosphäre* (S. 112) umgibt, vergegenwärtigt Krankheit und Tod.
- Der **Granatapfelsaft**, den Aschenbach in der Straßensänger-Szene trinkt, ist ein antikes Todessymbol. Wer von ihm kostet, den zieht es hinab ins Totenreich.
- Kurz vor seinem Ende denkt Aschenbach an die **Sanduhr** im Haus seiner Eltern, die schon fast abgelaufen ist. Auch sie ist ein Symbol für den nahenden Tod: *Die Nacht schritt vor, die Zeit zerfiel* (S. 117).

2.4 Andere Motive

Daneben finden sich im »Tod in Venedig« noch weitere wichtige **Motive**:

So deutet das **Wetter** von Anfang an auf das kommende Unheil hin. Schon zu Beginn der Novelle droht in München *über Föhring Gewit-*

ter (S. 10). Auf der Überfahrt nach Venedig im dritten Kapitel ist *der Himmel [. . .] grau, der Wind feucht* (S. 36). Auch nach der Ankunft bleiben *Himmel und Meer [. . .] trüb und bleiern, zeitweilig ging neblichter Regen nieder* (S. 37). *Widerliche Schwüle* ist verantwortlich für Aschenbachs geplante Abreise (S. 67). Nach dem gescheiterten Fluchtversuch herrscht im vierten Kapitel jedoch sonniges Hochdruckwetter und alles scheint sich zum Guten zu wenden. Im fünften Kapitel erfolgt dann der Umschwung, das Wetter verschlechtert sich zusehends. Nach Aschenbachs kosmetischer Verjüngung ist *lauwarmer Sturmwind [. . .] aufgekommen; es regnete selten und spärlich* (S. 131). *Unwirtlich* ist das Wetter an des Dichters Todestag, *Herbstlichkeit, Überlebtheit* prägt die Atmosphäre am Strand (S. 136).

Aschenbachs Weg in den Abgrund wird von **Träumen** begleitet. Gleich im ersten Kapitel hat Aschenbach nach der Begegnung mit dem fremden Wanderer einen Tagtraum. Er sieht eine *Urweltwildnis aus Inseln, Morästen und Schlamm führenden Wasserarmen* und *zwischen den knotigen Rohrstämmen eines Bambusdickichts* glaubt er die *Lichter eines kauernden Tigers funkeln* zu sehen (S. 14). Die Vision erweckt in Aschenbach den Entschluss zu verreisen, allerdings *nicht gar weit, nicht gerade bis zu den Tigern*, sondern an einen *Allerweltsferienplatze im liebenswürdigen Süden* (S. 18). Aber sein Weg führt ihn im übertragenen Sinn dann doch zu den »Tigern«. Das macht die Wiederkehr des Motivs im fünften Kapitel deutlich. Dort erfährt Aschenbach vom Angestellten des Reisebüros, dass die in Venedig umgehende Cholera ihren Ursprung in den *Morästen des Ganges-Deltas* hat, einer *Urwelt- und Inselwildnis, in deren Bambusdickichten der Tiger kauert* (S. 119).

Ein *träumerische Entfremdung* (S. 35) bemerkt Aschenbach auf der Überfahrt nach Venedig.

Höhepunkt der Motivreihe ist der orgiastische Traum vom *fremden Gott* (S. 125ff.). Er verkörpert die Vernichtung von Aschenbachs bisheriger Existenz und seine Hinwendung zu Rausch und Chaos.

Das **Meer** verweist auf Aschenbachs Wandlung weg von seiner disziplinierten Haltung hin zu Auflösung und Untergang:

> *Er liebte das Meer aus tiefen Gründen: [. . .] aus einem verbotenen, seiner Aufgabe gerade entgegengesetzten und ebendarum verführerischen Hange zum Ungegliederten, Maßlosen, Ewigen, zum Nichts.* (S. 59f.)

Angesichts des Meeres kommt Aschenbach *das Maß der Zeit* abhanden (S. 36). Mit dem Meeresmotiv endet die Handlung. Tadzio schwebt Aschenbach voran ins *Verheißungsvoll-Ungeheure*, und *wie so oft* macht dieser *sich auf, ihm zu folgen* (S. 139).

Ein wiederkehrendes Leitmotiv ist die **Gestik** Aschenbachs. Seine anfänglich auf Zucht und Disziplin gegründete Haltung drückt sich in der geschlossenen Faust aus. Später symbolisieren die *schlaff über die Lehne des Sessels hinabhängenden Arme* die Aufgabe seiner Meisterhaltung (S. 77).

Venedig ist nicht nur Handlungsschauplatz, sondern auch Leitmotiv, das schon im Titel erscheint. Gleich zu Anfang der Novelle schafft *das byzantinische Bauwerk der Aussegnungshalle* (S. 10) eine Verbindung zum Markusdom und deutet an, wohin die Reise gehen wird. Das Reiseziel als Inbegriff des *Fremdartige[n] und Bezuglose[n]* (S. 31) zeigt Aschenbachs Bereitschaft, seinem bisherigen Leben den Rücken zu kehren. Der Verfall Venedigs, aber auch der verkommene moralische Zustand der Stadt symbolisieren Aschenbachs Gemütslage. Venedig wird zur Komplizin, wenn das *schlimme Geheimnis der Stadt [. . .] mit seinem eigensten Geheimnis* verschmilzt (S. 100).

Die **Cholera** schließlich ist die äußere Entsprechung für die Vorgänge in Aschenbachs Innerem. Die Seuche symbolisiert das

> *Abenteuer der Außenwelt, das mit dem seines Herzens dunkel zusammenfloß und seine Leidenschaft mit unbestimmten, gesetzlosen Hoffnungen nährte.* (S. 106)

3. Mythologische Anklänge im »Tod in Venedig«

Die mythologischen Anspielungen setzen mit **Tadzios Erscheinen** ein:

> *Dieser Anblick gab mythische Vorstellungen ein, er war wie Dichterkunde von anfänglichen Zeiten, vom Ursprung der Form und von der Geburt der Götter.* (S. 64)

Tadzio erinnert Aschenbach an *griechische Bildwerke aus edelster Zeit* (S. 50), z. B. an die antike Bronzestatue des *Dornauszieher[s]* (S. 51). Der Dichter nennt ihn in Gedanken einen *kleine[n] Phäake[n]* (S. 56) und vergleicht ihn mit dem *Haupt des Eros, vom gelblichen Schmelze parischen Marmors* (S. 57). Am Schluss der Novelle wird Tadzio zum *Psychagog*, zum Seelenführer, der Aschenbach ins Jenseits geleitet (S. 139).

Im **vierten Kapitel** erreichen die mythologischen Anklänge ihren **Höhepunkt**. Nachdem sich Aschenbach zum Bleiben entschlossen hat, wird der Lido für ihn zum griechischen Elysium, dem Gefilde der Seligen:

> *Dann schien es ihm wohl, als sei er entrückt ins elysische Land, an die Grenzen der Erde, wo leichtestes Leben den Menschen beschert ist […] und in seliger Muße die Tage verrinnen […].* (S. 79f.)

Der Text enthält eine Fülle von Bezügen zu Figuren der antiken Mythologie (Zeus, Semele, Eros, Eos, Kleitos, Kephalos, Hyakinthos) und zu literarischen Texten des griechischen Altertums, z. B. zu Homers »Odyssee« und zu Platons »Phaidros« und »Symposion«. Der Sprachrhythmus geht häufig in das Versmaß des Hexameters über. Die Rekapitulation des **platonischen Dialogs** »Phaidros« durch Aschenbach nimmt den größten Raum innerhalb der Anspielungen auf die Antike ein. Vor Aschenbachs innerem Auge erscheint bildlich das Gespräch, das Sokrates und der junge, schöne Phaidros vor den Mauern Athens über die Liebe führen:

> *Und aus Meerrausch und Sonnenglast spann sich ihm ein reizendes Bild. Es war die alte Platane unfern den Mauern Athens [. . .]. Auf dem Rasen [. . .] lagerten zwei [. . .]: ein Ältlicher und ein Junger, ein Häßlicher und ein Schöner [. . .]. Und unter Artigkeiten und geistreich werbenden Scherzen belehrte Sokrates den Phaidros über Sehnsucht und Tugend.* (S. 85)

Über die **Funktion** des Mythos im »Tod in Venedig« gibt Thomas Mann selbst Auskunft. Das *Bildungs-Griechentum sei Hilfsmittel und geistige Zuflucht des Erlebenden.*[1] Aschenbach benutzt seine klassisch-humanistische Bildung, um den leidenschaftlichen Charakter seiner Gefühle für Tadzio zu verschleiern. Er beschwört die Antike, um seine unstatthaften Triebe vor sich selbst und seinem Gewissen zu rechtfertigen: *So war des Betörten Denkweise bestimmt, so suchte er sich zu stützen, seine Würde zu wahren* (S. 106).

Mit dem »Tod in Venedig« **beginnt das mythisierende Erzählen Thomas Manns**, das dann vom »Zauberberg« über die »Josephs«-Romane bis zum »Doktor Faustus« und zum »Erwählten« immer wieder angewendet wird.

4. Venedig-Bild

Venedig ist für Thomas Mann *die geliebte Stadt*, in der er sich *zu Hause* fühlt[2] und die er häufig besucht. Die Darstellung im »Tod in Venedig« als Stadt der Schönheit und des Verfalls, ist ganz vom Venedig-Bild des 19. Jahrhunderts beeinflusst. Dies zeigt auch die Anspielung auf den Venedig-Liebhaber August Graf von Platen

1 s. oben S. 4, Fußnote 1, S. 406.
2 a. a. O., S. 423.

(1796–1835) und seine »Sonette aus Venedig« (1825). Als Aschenbach in Venedig ankommt, erinnert er sich *des schwermütig-enthusiastischen Dichters, dem vormals die Kuppeln und Glockentürme seines Traumes aus diesen Fluten gestiegen waren* (S. 37).

Venedig als ein Symbol des Untergangs hat einen geschichtlichen Hintergrund. Seine tausendjährige Geschichte als See- und Handelsmacht endet mit der Eroberung durch Napoleon 1797. Die Republik von San Marco wird zur österreichischen Provinz und kommt 1866 zum Königreich Italien. Die strahlende »Königin der Adria« sinkt zu politischer Bedeutungslosigkeit herab, die Bevölkerung verarmt und die Paläste verfallen.

Dieses morbide Venedig zieht dann Schriftsteller und Künstler aus ganz Europa in seinen Bann: von Lord Byron, Alfred de Musset, George Sand über Platen, Richard Wagner, Friedrich Nietzsche bis zu Rainer Maria Rilke, Hugo von Hofmannsthal und Franz Werfel.

Auch der Erzähler in Thomas Manns Novelle erliegt zunächst dieser Schwärmerei, wenn er von Venedig als der *unwahrscheinlichste[n] der Städte* (S. 40) und als von einem *Märchen* (S. 104) spricht. Doch daneben wird die Stadt als ein Touristenort mit allen seinen Nachteilen gezeigt. Venedig entpuppt sich als *Fremdenfalle* (S. 104) mit *beutelschneiderische[m] Geschäftsgeist* (S. 68), wo der Besucher geschröpft wird und die Behörden die todbringende Seuche *aus Gewinnsucht* (S. 104) verheimlichen. Thomas Mann ist somit der Begründer eines realistischen, modernen Venedig-Bildes.

Aufgaben mit Lösungstipps

Die folgenden Aufgaben sollen

- Ihnen Anregungen für Referatthemen geben,
- zur Klausurvorbereitung dienen und
- praktische Hilfe für den Unterricht sein.

Gleichzeitig verstehen sie sich auch als Ergänzung zur Interpretation.

? Aufgabe 1

Beschreiben Sie die Beziehung zwischen Gustav Aschenbach und Tadzio!

! Lösungstipp

Aschenbach und Tadzio wechseln kein einziges Wort miteinander. Es sind zwei Menschen, die *sich nur mit den Augen kennen* (S. 93). Kommunikation findet nur durch Blickkontakte zwischen den beiden statt (S. 53, 71, 94f., 96, 101, 116, 132, 139). Dieser Blickaustausch markiert häufig Schlüsselpunkte der Novelle. So findet er z. B. statt bei der ersten Begegnung von Tadzio und Aschenbach (S. 53), unmittelbar vor des Schriftstellers missglückter Abreise aus Venedig (S. 71), vor Aschenbachs Liebesgeständnis, sozusagen als auslösender Faktor (S. 96), nach der Szene mit dem Straßensänger, in der sich Aschenbachs Untergang schon ankündigt (S. 116), und unmittelbar vor Aschenbachs Tod (S. 139). Aschenbach unternimmt nur einen einzigen Versuch Tadzio anzusprechen, dieser scheitert (S. 88f.). Aschenbachs Interesse an dem Jungen bleibt jedoch nicht ganz einseitig. Tadzio erwidert seine Blicke, lächelt ihm zu, und als er bemerkt, dass Aschenbach ihm nachstellt, verrät er seinen *Liebhaber* (S. 132) nicht. Doch dies geschieht nicht aus Zuneigung, sondern aus Neugier und Narzissmus.

? Aufgabe 2

> *»Sehen Sie, Aschenbach hat von jeher nur so gelebt« – und der Sprecher schloß die Finger seiner Linken fest zur Faust –; »niemals so« – und er ließ die geöffnete Hand bequem von der Lehne des Sessels hängen.* (S. 20f.)

a) Was sagt diese Geste über Aschenbachs Charakter aus?
b) Wie verändert sie sich im Verlauf der Novelle? Was sind die Folgen für Aschenbach?

! Lösungstipp

a) Diese Geste symbolisiert, dass Aschenbachs Charakter durch Selbstzucht und Leistung gekennzeichnet ist:
- Schon als junger Mensch ist er leistungsorientiert und kennt keine Freizeit,
- sein Lebensstil ist geprägt von Askese und Disziplin (frühes Aufstehen, kalte Duschen),
- sein Künstlertum ist für ihn ein anstrengender »Dienst« am Schreibtisch,
- er lebt in standiger Spannung, sein Lieblingswort ist »Durchhalten«,
- durch diese Lebensweise bringt er es zu Ruhm und Ansehen, aber vorhandene Neigungen und Triebe werden unterdrückt: *Rächte sich nun also die geknechtete Empfindung [...]?* (S. 17).

b) An die Stelle der geschlossenen Faust treten im Verlauf der Novelle die *schlaff über die Lehne des Sessels hinabhängenden Arme* (S. 77).
- Die Gebärde erscheint das erste Mal am Ende des 3. Kapitels nach der missglückten Abreise aus Venedig. Aschenbach erkennt, dass er Tadzios wegen zurückgekommen ist. Die Geste deutet seine Bereitschaft an, sich auf ein Gefühlsabenteuer einzulassen.

- Das zweite Mal bedient sich Aschenbach dieser Geste, als er sich am Ende des 4. Kapitels seine Liebe zu Tadzio eingesteht (S. 97). Aschenbach sagt seiner bisherigen Lebensform ab und gibt sich ganz seiner Leidenschaft hin.
- Endpunkt dieser Entwicklung ist, als Aschenbach am Schluss der Novelle am Strand zusammenbricht und *seitlich im Stuhle* hinabsinkt (S. 139).

? Aufgabe 3

Wodurch wird Aschenbachs Entschluss zur Reise in den Süden ausgelöst?

! Lösungstipp

- Aschenbach begegnet dem fremden Wanderer beim Münchener Nordfriedhof (S. 11–13).
- Das *Wandererhafte* in dessen Erscheinung löst bei Aschenbach einen Tagtraum aus (S. 13f.).
- Aschenbach deutet die Vision der tropischen Sumpflandschaft als *Reiselust, nichts weiter* (S. 13). Doch es zeigt sich darin bereits die Neigung, aus seinem bisherigen Leben auszubrechen.
- Aschenbach beschließt, in den Süden zu reisen (S. 18).

? Aufgabe 4

Der »falsche Jüngling« im 3. Kapitel:

a) Wo begegnet ihm Aschenbach?
b) Beschreiben Sie kurz sein Äußeres!
c) Welche Bedeutung kommt ihm innerhalb der Novelle zu?

! Lösungstipp

a) Aschenbach begegnet dem »falschen Jüngling« auf der Überfahrt von Istrien nach Venedig.

b) Es handelt sich um einen alten Mann, der sich durch Kleidung (modischer Anzug, rote Krawatte, farbig umwundener Strohhut), Schminke, Perücke und falsches Gebiss auf jung hergerichtet hat (S. 34f.).

c) Der »falsche Jüngling« nimmt die spätere Entwürdigung des Dichters vorweg. Als Aschenbach im 5. Kapitel den Friseur verlässt, ist auch er ein *blühende[r] Jüngling* (S. 130). Er ist geschminkt, sein Haar ist gefärbt, er trägt jugendliche Kleidung, eine rote Krawatte und auch sein Strohhut ist *mehrfarbig [...] umwunden* (S. 131). Der »falsche Jüngling« deutet aber auch Aschenbachs kommende Leidenschaft zu Tadzio an, wenn er *Komplimente dem Liebchen, [...] dem schönsten Liebchen* bestellt (S. 41).

? Aufgabe 5

Analysieren Sie den »Traum vom fremden Gott«:

a) Was geschieht im Traum und was bedeutet er?
b) Welche Folgen hat er für Aschenbach?

! Lösungstipp

a) Aschenbach hat in der Nacht, nachdem er die Wahrheit über die Cholera erfahren hat, einen *furchtbaren Traum* (S. 124). Man feiert eine Orgie zu Ehren des *fremden Gotte[s]* (S. 127), an der sich Aschenbach schließlich beteiligt. Der Traum symbolisiert den Durchbruch von Aschenbachs verbotener Leidenschaft zu Tadzio. Der *gezogene u-Laut* (S. 125), der im Traum vorkommt, verweist auf den polnischen Namen des Jungen, der *im Anrufe* ebenfalls mit einem *gezogenen u-Ruf am Ende* ausgesprochen wird: *Tadziu* (S. 64). Aschenbach ergibt sich dem fremden Gott jedoch nicht widerstandslos:

> *Groß war sein Abscheu, groß seine Furcht, redlich sein Wille, bis zuletzt das Seine zu schützen gegen den Fremden, den Feind des gefaßten und würdigen Geistes* (S. 126).

Die Kräfte, denen Aschenbach schließlich unterliegt, sind die eigenen Triebe, die er in seinem Leben bisher unterdrückt hat und die jetzt hervorbrechen. Der Traum verdeutlicht den Sieg des dionysischen Prinzips (Rausch, Abgrund, Chaos) über Aschenbachs bisherige apollinische Lebensweise (Vernunft, Würde, Haltung).

Das Begriffspaar dionysisch-apollinisch geht auf die Philosophie Friedrich Nietzsches zurück, auf seine Schrift »Die Geburt der Tragödie aus dem Geiste der Musik« (1871). Nietzsche sieht im Leben und in der Kunst zwei einander entgegengesetzte Kräfte wirken. Ausgehend von Apollo, dem Gott der Weisheit und der Schönheit, und Dionysos, dem Gott des Weines und des Rausches, unterscheidet er zwischen apollinischem und dionysischem Prinzip.

b) Der »Traum vom fremden Gott« zerstört Aschenbachs bisheriges Leben. Der Dichter wirft seine letzten Hemmungen über Bord, zeigt offen sein Interesse an Tadzio und lässt sich vom Friseur verjüngen.

? Aufgabe 6

Die Cholera im »Tod in Venedig«.

a) Beschreiben Sie kurz Herkunft, Weg und Symptome!

b) Zeigen Sie Parallelen zwischen der Ausbreitung der Seuche in Venedig und Aschenbachs Schicksal!

! Lösungstipp

a) Die Cholera stammt aus dem indischen Ganges-Delta und ist über den Seeweg (Mittelmeerhäfen) nach Europa eingeschleppt worden. Die Seuche wird durch Nahrungsmittel übertragen. Die Cholera breitet sich in Venedig durch die Hitze schnell aus und tritt in einer besonders gefährlichen Form auf. Die Überlebenschancen sind äußerst gering.

b) Die Cholera bricht *Mitte Mai* (S. 119) in Venedig aus, zur selben Zeit, als Aschenbach seine Reise in den Süden antritt. Zunächst verschweigen die Behörden das *schlimme Geheimnis* (S. 100), genauso wie Aschenbach sein Geheimnis, nämlich seine Liebe zu Tadzio, verbirgt. In Venedig ist infolge der Cholera ebenso wie bei Aschenbach eine *gewisse Entsittlichung* (S. 122) zu beobachten, eine Auflösung der bestehenden Ordnung hin zum Chaos.

Lesetipps

Literatur zu Thomas Mann

Harpprecht, Klaus: Thomas Mann. Eine Biographie. Reinbek bei Hamburg (Rowohlt) 1995 • Umfassendes Werk in zwei Bänden

Kurzke, Hermann: Thomas Mann. Das Leben als Kunstwerk. Frankfurt a.M. (Fischer) 2001

Prater, Donald A.: Thomas Mann – Deutscher und Weltbürger. Eine Biographie. München, Wien (Hanser) 1995 • Detailgenaue und spannende Schilderung seines Lebens und der Entstehungsgeschichte seines Werkes, Anregungen zur Interpretation

Schröter, Klaus: Thomas Mann. Reinbek bei Hamburg (Rowohlt) 2005 (rororo monographien, Band 50677) • Knapp und informativ

Literatur zu »Der Tod in Venedig«

Bahr, Ehrhard: Thomas Mann. »Der Tod in Venedig«. Erläuterungen und Dokumente. Stuttgart (Reclam) 1991 • Ausführliche Wort- und Sacherklärungen, Texte zu Entstehung und Rezeption, aber keine Interpretation; preiswert

Baron, Frank/Sautermeister Gert (Hg.): Thomas Manns »Der Tod in Venedig«. Wirklichkeit, Dichtung, Mythos. Lübeck (Schmidt-Römhild) 2003 • 14 Aufsätze zu unterschiedlichen Aspekten, u. a. zur Verfilmung, mit vielen Buchillustrationen und Fotos

Frizen, Werner: »Der Tod in Venedig«. München (Oldenbourg) 2. Auflage 1993 • Umfassende Interpretation, zwar für Lehrer geschrieben, aber für interessierte Schüler ebenfalls geeignet

Koopmann, Helmut: Ein grandioser Untergang: Thomas Mann »Der Tod in Venedig«. In: Deutsche Novellen. Hg. v. Winfried Freund, München (UTB) 1993, S. 221–235

Stichwortverzeichnis